Tawasul International
Centre for research, dialogue and publishing

Arte ed architettura islamica: un'introduzione storica

Autori Vari

Traduzione ed edizione a cura di Sabrina Lei

Tawasul International
Centre for Publishing, Research and Dialogue

ISBN: 9798884020252

Autore: Autori vari

Titolo: Arte ed architettura islamica: un'introduzione storica

Traduzione ed edizione a cura di: Sabrina Lei

ISBN 9791281473126

Tawasul International
Centre for Publishing, Research and Dialogue

Indice

Introduzione

L'arte islamica è un tema che purtroppo non ha ricevuto dagli studiosi musulmani e non l'attenzione che merita. Spesso, infatti, è stata interpretata in maniera monolitica senza considerare le sue modalità espressive nei diversi paesi e nelle diverse epoche storiche, e secondo i paradigmi propri dell'arte figurativa occidentale. Per questa ragione è stata spesso descritta e considerata come una forma di arte religiosa minore. Questo giudizio è ricondotto al divieto di rappresentare gli esseri animati- animali ed esseri umani- e la stessa divinità. Questa proibizione è considerata infatti la causa della mancanza nell'arte islamica di originalità e sviluppo storico.

In realtà, il divieto di rappresentazioni degli esseri viventi è riconducibile alle seguenti motivazioni di ordine teologico e spirituale. Dio, secondo la dottrina religiosa islamica, non può essere per Sua natura rappresentato in quanto totalmente altro rispetto a ciò di cui l'uomo fa esperienza; ogni tentativo di rappresentazione del divino nell'ambito della legge islamica è considerato un atto di "shirk" o idolatria, in quanto sottintende la volontà di ridurre il Creatore alla creazione e di associare di conseguenza nella pratica cultuale la dimensione dell'eterno a quella del transeunte.

La legge islamica sotto questo punto di vista si pone in linea con quanto presente nel Decalogo, che secondo la tradizione religiosa sia ebraica che cristiana Dio ha rivelato a Mosè, in cui è scritto: "Non ti farai idolo né immagine alcuna di ciò che è lassù nel cielo né di ciò che è quaggiù sulla terra, né di ciò che è nelle acque sotto terra. Non ti prosternerai davanti a loro e non li servirai"[1]. Anche nell'Islam, infatti, la raffigurazione di esseri viventi è proibita in quanto, in alcuni casi, potrebbe condurre a forme di idolatria e di polisteismo.

L'arte islamica basandosi quindi su fondamenti diversi rispetto all'arte cristiana sia orientale che occidentale, deve essere di conseguenza interpretata secondo diversi paradigmi. La natura dell'arte islamica, secondo la definizione elaborata da Titus Burckhardt, è quella di trasformare "qualitativamente l'ambiente con uno sguardo in un equilibrio spirituale, il cui centro di gravità è costituito dall'invisibile"[2]. Per questa ragione il talento artistico dei musulmani si è espresso in modo particolare

---

[1] Esodo 20:4-5

[2] T. Burckhardt, "Il vuoto nell'arte islamica", in *Arte ed architettura islamica, un'introduzione storica*, ed. a cura di S. Lei, 14.

nell'architettura dello spazio sacro rappresentato dalla moschea, in arabo *masjid*, termine che a sua volta deriva da *sujud*, la parola araba per "prosternazione". Lo spazio interno della *masjid* o "luogo della prosternazione" è quindi piano, auto-referenziale e non contiene al suo interno elementi architettonici definibili come "dinamici" come, ad esempio, quelli visibili nelle cattedrali gotiche. Nelle parole di Burckhardt, "lo spazio è ordinato e disposto in modo tale da riposare interamente in se stesso; non è una distesa che aspetta di essere attraversata, il suo vuoto è come il centro di una pienezza immota ed indifferenziata"[3].

In altri termini, l'ambiente architettonico della moschea deve favorire la contemplazione e per questo deve creare uno spazio paradossalmente vuoto che il credente è chiamato a riempire con una corretta pratica spirituale. Lo spazio sacro della moschea definito "vuoto" o "invisibile" può essere interpretato da un punto di vista sia spaziale che temporale come una sorta di eterno presente lontano dal clamore della storia, in cui il credente può ritornare alle radici del proprio essere nel silenzio del raccoglimento interiore. L'ambiente della moschea, da questo punto di vista, dovrebbe suggerire lo spazio della grotta di Hira nella Jabal an-Nur, in cui il Profeta Muhammad era solito ritirarsi per meditare per lunghi periodi ed in cui nel 610 d.C ricevette per la prima volta la rivelazione divina[4].

Nell'ambito dell'arte islamica assume poi un ruolo fondamentale la lingua araba considerata l'espressione massima del genio artistico arabo. Gli arabi dell'era pre-islamica infatti, forse a causa della loro cultura nomade, non hanno espresso il proprio talento artistico nelle arti plastiche o nell'architettura, ma piuttosto nella lingua araba che è stata coltivata e sviluppata al massimo delle sue possibilità espressive. La lingua araba è stata capace di raggiungere, secondo lo stesso Burckhardt, "l'unità per mezzo del ritmo, che assomiglia alla rifrazione dell'eterno presente nella corrente del tempo"[5].

Il ritmo della lingua araba ed il suo intrinseco dinamismo si manifesta pienamente nell'ambito del visibile sia nella calligrafia che nell'arabesco. Questo stile decorativo si fonda su un gioco geometrico che non lascia riposare l'occhio, bensì lo spinge a "leggere" la manifestazione dinamica dei diversi elementi che lo supportano e che compongono il disegno che,

---

[3] T. Burckhardt, *Il vuoto nell'arte islamica*, 16.

[4] S. Lei, *Muhammad, il profeta dell'Islam (pbsl), una biografia completa dall'inizio della rivelazione all'Hijrah*, Roma 2016, 45-47.

[5] T. Burckhardt, "L'impatto della lingua araba sulle arti islamiche", in *Arte ed architettura islamica, un'introduzione storica*, ed. a cura di S. Lei, 25.

essendo a volte privo d'inizio e di fine, sembra costituire una sorta di tentativo di raffigurazione delle forze storiche che si dipanano intorno ad ogni essere umano. La ripetizione e la dinamicità non sono visibili solo negli arabeschi, ma anche negli elementi architettonici presenti in alcune moschee come, per esempio, quella di Cordova in Spagna. In questo edificio i pilastri e gli archi sono ripetuti nello spazio in modo quasi ossessivo, che viene attenuato solo dall'alternanza ritmica e dalla perfezione qualitativa degli elementi architettonici utilizzati.

Il vuoto dello spazio e la dinamicità degli elementi decorativi circostanti costituiscono, quindi, due caratteristiche fondamentali dell'arte islamica che ricorrono nei diversi stili e nelle diverse epoche storiche[6].

Il genio decorativo islamico si è espresso secondo varie tecniche che hanno scelto come mezzo espressivo diverse tipologie di materiali. Tra le tecniche prevalentemente utilizzate possiamo ricordare lo stucco, i disegni geometrici e gli arabeschi. La tecnica dello stucco, che è derivata prevalentemente dall'arte iraniana, permette una grande libertà espressiva, in quanto consente di decorare un edificio modificando le sue caratteristiche architettoniche creando a volte abili illusioni ottiche. I motivi geometrici sono stati invece impiegati prevalentemente nelle decorazioni a mosaico dei dadi delle mura interne delle moschee di cui diversi esemplari sono visibili, ad esempio, nelle moschee di Muhammad En-Nasir, di Qay Bay e di El-Ghory al Cairo.

Gli arabeschi e le forme naturalistiche di cui si compongono sono state giudicate dagli storici dell'arte la prova del carattere "arbitrario" dell'arte decorativa islamica. Quest'arbitrarietà è relativa al fatto che i motivi ornamentali non sembrano intrattenere un'immediata relazione con l'ambiente architettonico in cui sono stati collocati e, per il fatto di essere eminentemente auto-referenziali, possono essere riprodotti su diverse tipologie di supporti. Per questa ragione, inoltre, possono essere considerate come mancanti di permanenza. Gli storici dell'arte, riflettendo sul fatto che spesso l'architetto non solo disegnava la struttura ma anche ideava le sue decorazioni, hanno notato una sorta di visione doppia e parzialmente contraddittoria dell'edificio[7].

Probabilmente il carattere dell'arbitrarietà e della apparente contraddizione è riconducibile, nel caso degli edifici più antichi, al processo

---

[6] Cfr. T. Burckhardt, *L'impatto della lingua araba sulle arti islamiche*, 31: "L'arte islamica costituisce essenzialmente la proiezione, nell'ordine visuale, di certi aspetti e dimensioni dell'unità divina".

[7] Cfr. O. Grabar, "L'antica decorazione islamica: l'idea dell'arabesco", in *Arte ed architettura islamica, un'introduzione storica*, ed. a cura di S. Lei, 51.

che ha condotto alla simbiosi nell'arte islamica di varie tecniche e stili decorativi nati e sviluppatesi nei singoli contesti storici e culturali dei territori che divennero parte dell'impero islamico ed in cui nel tempo l'Islam divenne la religione professata dalla maggioranza della popolazione. Come ha osservato Martin Briggs, "il fattore che ha tramutato ed ha saldato un insieme di varie modalità di costruzione in uno stile in possesso di determinate caratteristiche fu probabilmente la fede islamica"[8].

Il prototipo originario della moschea è quella edificata dal Profeta dopo il suo arrivo a Medina nel 622 d.C., anno dell'Hijrah dalla Mecca. Era una struttura priva di rilevanza architettonica, anche se piuttosto funzionale, i cui elementi principali erano costituiti da una superficie quadrangolare circondata da un muro di pietre e mattoni parzialmente coperta da una tettoia di rami e fronde di palma. Come pulpito veniva utilizzato invece un tronco d'albero tagliato.

Le moschee costruite nelle epoche successive riprodussero queste caratteristiche principali nella loro planimetria anche se introdussero nel tempo elementi architettonici aggiuntivi e piuttosto rilevanti. Nella moschea di Kufa, ad esempio, costruita nel 639 d.C. in Iraq, lo spazio aperto era circondato da archi che poggiavano su colonne di marmo tratte dai palazzi persiani ad Hira. Nella moschea di Amr edificata nel 642 d.C. a Fustad in Egitto vennero aggiunto un nuovo elemento: il minbar, o pulpito da cui l'Imam si rivolgeva ai fedeli, che solitamente era costituito da una struttura in legno variamente decorata. Gli altri due elementi, che oggi sono considerati parte integrante di ogni moschea, ossia la *mihrab* indicante la *Qiblah* o direzione della Mecca ed i minareti, da cui il *mu'adhdhin* recita l'*adhan*, comparvero per la prima volta nella moschea degli Omayyadi a Damasco fatta costruire nel VIII secolo dal califfo Walid I. I primi minareti utilizzati in questa moschea costituiscono un riuso e riadattamento di due torri di epoca cristiana poste rispettivamente a sud ovest e sud est dell'edificio. In epoca più tarda furono aggiunti altri due minareti rispettivamente nel 1274 e nel 1483. Comunque, l'esempio più antico di minareto conservatosi ai giorni nostri è quello della moschea di Qayrawan in Tunisia.

Uno sviluppo successivo della pianta originale della moschea è costituito dalla planimetria a forma di croce, sul cui transetto era posta una cupola che solitamente copriva la tomba mausoleo di colui che ne aveva

---

[8] M. Briggs, "Le prime moschee", in *Arte ed architettura islamica, un'introduzione storica*, ed. a cura di S. Lei, 186.

sovvenzionato finanziariamente la costruzione. Esempi di questo tipo di moschee, la cui struttura architettonica ed i cui elementi decorativi sono molto più elaborati rispetto ai modelli più antichi sono visibili in Egitto, Siria e Turchia.

L'arte e l'architettura dei diversi paesi islamici, comunque, pur condividendo dei tratti comuni, tuttavia mostra delle caratteristiche peculiari nei diversi luoghi in cui si è sviluppata. Per questa ragione, in questo testo si è cercato di analizzare non solo il significato dell'arte nella cultura islamica, ma anche il suo sviluppo storico attraverso una fusione con le tradizioni culturali, artistiche ed architettoniche dei diversi paesi in cui le diverse opere sono state attualmente elaborate e prodotte.

S. Lei

Il vuoto nell'arte islamica

Titus Burckhardt

Il divieto delle immagini nell'Islam si riferisce prevalentemente ai tentativi di raffigurazione della divinità. Questa proibizione si colloca nella prospettiva del Decalogo e della tradizione del monoteismo abramitico, che l'Islam rinnova in quanto sua ultima manifestazione. Questo monoteismo si oppone in modo diretto al politeismo idolatra; l'immagine plastica della divinità- secondo una dialettica sia storica che divina- viene giudicata una prova dell'errore insito nell' associare (*shirk*) il relativo con l'assoluto o il creato con l' eterno, in quanto l'ultimo viene di fatto ridotto al primo. La negazione degli idoli, insieme alla loro distruzione, costituisce una traduzione in termini concreti della fondamentale testimonianza dell'Islam, ossia la professione di fede: *la ilaha illa Allah*. Proprio come questa testimonianza nell'Islam domina e consuma ogni cosa come un fuoco purificatore, così la negazione degli idoli, sia effettiva che semplicemente virtuale, tende ad ampliarsi e generalizzarsi. Per questa ragione la rappresentazione dei messaggeri della divinità (*rasul*), dei profeti (*anbiya*) e dei santi (*awliya*) è evitata, non solo perché le immagini potrebbero diventare oggetto di un culto idolatra, ma anche per rispetto verso ciò che in loro è inimitabile ed irriproducibile, ossia il loro essere vicari di Dio in questo mondo.

Nel contesto arabo sunnita, vi è anche una certa riluttanza a rappresentare qualsiasi essere vivente per rispetto del segreto divino custodito nella creazione. E, se la proibizione di immagini non è così estrema in altri ambienti etnici, è comunque osservata in tutto ciò che concerne l'aspetto liturgico dell'Islam.

Tutto questo può sembrare paradossale, in quanto il fondamento dell'arte sacra è il simbolismo; in una religione che si esprime in simboli antropomorfi, il rifiuto delle immagini sembra quindi minare le radici di ogni arte visuale di carattere sacro. Bisogna comunque prendere in considerazione il fatto che l'arte sacra non è composta necessariamente d'immagini, anche nel senso più ampio del termine, ma può essere semplicemente l'esteriorizzazione di uno stato contemplativo ed in questo caso può non riflettere delle idee particolari, ma trasformare qualitativamente l'ambiente con uno sguardo in un equilibrio spirituale, il cui centro di gravità è costituito dall'invisibile. Questa è la natura dell'arte islamica: il suo oggetto si trova al di sopra dell'ambiente umano -e da qui deriva il ruolo dominante dell'architettura- e la sua qualità è essenzialmente contemplativa. L'assenza di immagini comunque non diminuisce la sua qualità, ma al contrario, escludendo ogni immagine che potrebbe invitare l'uomo a fissare la sua mente su qualcosa al di fuori di se stesso e di proiettare la sua anima in una forma individualizzante, crea un vuoto. Sotto questo punto di vista, la funzione dell'arte islamica è analoga a quella della natura vergine, in modo particolare il deserto che favorisce la contemplazione. Comunque, da un altro punto di vista, l'ordine creato dall'arte è opposto del caos inerente nella natura del deserto.

Bisogna comunque sottolineare che le decorazioni con le forme astratte, così riccamente sviluppate nell'arte islamica, non esistono per riempire questo vuoto. In realtà, lo corroborano attraverso il suo ritmo continuo e la sua somiglianza con un infinito lembo di tessitura: invece di catturare la mente trascinandola in un mondo immaginario, dissolve le coagulazioni mentali, proprio come la contemplazione di un flusso d'acqua, di una fiamma o di foglie che tremano nel vento può distaccare la coscienza dai suoi idoli interiori.

L'arabesco è costituito da forme sinuose e spirali, che sono più o meno collegate a motivi naturali, e da motivi geometrici. Il primo è tutto ritmo, fluidità e continua melodia, mentre il secondo è cristallino nella natura: la diffusione di linee da molteplici centri geometrici ricorda i fiocchi di neve o i ghiacci: trasmette l'impressione di calma e di freschezza. Nell'arte magrebina queste due tipologie di ornamento compaiono in tutta la loro purezza.

Comunque, per quanto possa essere ricco, l'ornamento non distrugge mai la semplicità e nemmeno la sobrietà dell'insieme architettonico, così come accade in tutti i luoghi e le culture, che non si trovano però all'interno di un processo di decadenza. Generalmente infatti, l'insieme architettonico manifesta equilibrio, calma e serenità.

Mentre l'interno di una basilica romana procede verso l'altare e l' abside di una chiesa gotica tende verso l'alto, l'interno di una moschea non comprende alcun elemento dinamico: qualsivoglia sia lo stile, dalle moschee più antiche con un tetto orizzontale su pilastri a quelle dotate di cupole, lo spazio è ordinato e disposto in modo tale da riposare interamente in se stesso; non è una distesa che aspetta di essere attraversata, il suo vuoto è come il centro di una pienezza immota ed indifferenziata.

Gli architetti turchi, quali Sinan, che ha adottato la costruzione della Hagia Sophia al fine di svilupparla secondo lo stile islamico, cerca una sintesi perfettamente statica e pienamente intelligibile di queste due grandi forme complementari: l'emisfero della cupola e il cubo dello stesso edificio. A questo proposito, inoltre, possiamo limitarci a menzionare un dettaglio architettonico caratteristico del loro concetto di spazio. Sappiamo che le cupole bizantine -come le cupole romane- poggiano su supporti che vagamente prolungano la loro curva e s'immergono nei quattro angoli delle mura di supporto.

Questo passaggio irrazionale dalla base circolare della cupola al quadrato del supporto è un elemento che l'architettura turca cerca di evitare. I pendagli sono sostituiti da un elemento chiamato in arabo *muqarnas* e che è spesso paragonato alle stalattiti, sebbene assomigli di più ad un' alveola composta di nicchie che si sovrappongono a vicenda. Attraverso il loro gioco geometrico, il passaggio dalla forma continua e fluida della cupola alla forma rettangolare e solida delle mura di supporto appare come una cristallizzazione graduale: il cubo dell'edificio si coagula dall'esterno dell'unità indifferenziata della cupola e, dal momento che quest'ultimo simbolizza sempre il cielo, rappresenta il continuo movimento delle sfere celesti improvvisamente immobilizzato nella pienezza del puro presente.

Questa concezione architettonica è tipica dell'Islam e nello stesso tempo si allontana di molto dall'architettura greco-romana, che è sempre più o meno antropomorfica, nel senso che invita lo spettatore a partecipare soggettivamente al dramma delle forze della costruzione. Possiamo specialmente menzionare le colonne classiche fatte a misura d'uomo, così come l'architrave, i corbelli e le cornici, che fanno avvertire il peso e la forza che supportano. Nell'architettura romanica e gotica, questo dramma è trasportato su di un piano spirituale: le colonne raggruppate della cattedrale gotica sembrano animate da un impulso irresistibile di ascendere. Non vi è nulla di tutto ciò nell'architettura musulmana, che mantiene invece un carattere puramente oggettivo.

Questo vuoto, che l'arte islamica crea attraverso la sua qualità statica, impersonale ed anonima, consente all'individuo di essere interamente se stesso, di riposare nel proprio centro ontologico. Certamente, l'immagine sacra può costituire un supporto per la contemplazione, qualsivoglia sia il suo utilizzo secondo i dettami di una determinata dottrina religiosa, a condizione che il suo simbolismo e linguaggio formale sia supportato dalla tradizione. Però l'arte religiosa, le cui forme sono antropomorfiche, è di natura eminentemente precaria a causa delle tendenze psichiche, sia individuali che collettive, che possono facilmente avere accesso ad essa e trascinarla in una evoluzione naturalistica, causando delle reazioni piuttosto note. L'Islam risolve questo problema escludendo dalla sua cornice liturgica ogni immagine umana. In questo modo, comunque, mantiene, in un determinato modo e su un piano superiore e spirituale, la posizione di un nomade, che non è coinvolto nella turbolenta evoluzione di un mondo che comprende le proiezioni mentali dell'uomo e la sua reazione verso di esse.

La mancanza di immagini dell'arte islamica comprende fondamentalmente due aspetti: da una parte preserva la primordiale dignità dell'essere umano, la cui forma non è né imitata né usurpata da un'opera d'arte che è limitata e parziale. D'altra parte, niente che possa essere un idolo, persino in un modo relativo e del tutto provvisorio, può interporsi tra l'essere umano e l'invisibile presenza di Dio. La testimonianza fondamentale però è che non vi sia divinità se non Dio: questo dissolve ogni oggettificazione del divino, persino prima che possa manifestarsi.

L'impatto della lingua araba sulle arti islamiche

Titus Burckhardt

L'espressione "arte araba" è comunemente impiegata per designare l'arte islamica, anche se la legittimità di questo termine è stata spesso contestata con l'ausilio di argomentazioni che appaiono plausibili a prima vista, ma che in realtà sono affetti da una visione superficiale e piena di pregiudizi.

La domanda che esige una risposta è prima di tutto la seguente: che cosa caratterizza il genio arabo e in che modo può essere colto all'interno dell'espressione artistica? Le uniche forme d'arte possedute dagli arabi di epoca pre-islamica, che erano per la maggioranza nomadi che vivevano al crocevia di diverse civiltà, era una architettura rettilinea e diverse tipologie di artigianato, che sarebbe un errore sottostimare e la cui influenza successivamente divenne molto grande, a cui si aggiunse poi l'espressione predominante e più impressionante del genio arabo ossia il linguaggio, inclusa la scrittura. Gli arabi lasciarono in eredità all'intera civiltà islamica il loro linguaggio, che costituì non solo il mezzo per preservare l'eredità araba al di fuori dell'Arabia, ma ha anche fatto sì che fiorisse e si sviluppasse lontano dalla sua fonte etnica originaria. Attraverso l'intermediario del linguaggio, tutto ciò che era essenziale al genio arabo venne comunicato all'intera civiltà islamica.

Lo straordinario potere normativo della lingua araba deriva sia dal suo ruolo come lingua sacra che dal suo carattere arcaico, essendo questi due elementi interconnessi. Infatti, il suo arcaismo ha predestinato la lingua araba ad assumere il ruolo di lingua sacra e la rivelazione coranica ha in effetti attualizzato la sua sostanza primordiale.

Nell'ambito linguistico, l'arcaismo non è per nulla sinonimo di semplicità strutturale, piuttosto il contrario: le lingue solitamente s'impoveriscono con il trascorrere del tempo e perdono sia la differenziazione gerarchica dei significati che la concisione logica delle forme, diventando complicate sul piano della retorica al fine di compensare questo impoverimento. Gli storici del linguaggio sono sorpresi che la lingua araba è stata capace di preservare un morfologia già esemplificata nel codice di Hammurabi nel XIX e XVIII secolo a.C. e un sistema fonetico, che perpetua, a parte ogni singolo suono, la gamma di suoni che testimoniano i più antichi alfabeti semitici scoperti, e che lo abbia fatto nonostante l'assenza di una qualche tradizione letteraria, che avrebbe potuto agire come un ponte tra la remota età dei patriarchi ed il tempo in cui la rivelazione coranica fissò per sempre il linguaggio. La spiegazione della continuità dell'arabo deve essere ricercata nel ruolo conservatore del nomadismo: la lingua decade nel centro urbano, in quanto diviene attaccata a cose ed istituzioni e, quindi, è soggetta al loro stesso destino; la vita del nomade senza tempo, al contrario, protegge la lingua e le consente di fiorire al massimo delle sue possibilità. I popoli stanziali invece sviluppano le arti plastiche, che hanno bisogno di stabilità e che sono connesse nel loro simbolismo, abbastanza naturalmente, all'idea di un centro nello spazio. È possibile, quindi, affermare, in termini generali, che la lingua araba garantisce la sopravvivenza, sul piano mentale, di un semitismo primitivo di carattere nomade.

Per spiegare con poche parole e senza l'ausilio di nessuna conoscenza linguistica particolare quale sia la natura specifica di questa lingua deve essere prima di tutto ricordato che ogni lingua possiede due radici o poli, di cui uno è predominante rispetto all'altro, e che possono essere designati attraverso i termini di "intuizione uditiva" e "intuizione immaginativa". La prima solitamente si manifesta attraverso il fatto che una parola data deriva da una singola combinazione di suoni che, come tali, esprimono un tipico evento, o più esattamente un'azione fondamentale, e lo fanno in una maniera più o meno immediata non attraverso l'onomatopeia, ma perché il suono stesso costituisce un evento che si svolge nel tempo così da corrispondere, a priori ed indipendentemente da tutte le convenzioni semantiche, all'azione. Il discorso è essenzialmente un atto e, secondo questa logica, il linguaggio concepisce ogni cosa nominata come un' azione o come l'oggetto di un'azione. L'immaginazione intuitiva, dall'altra parte, si manifesta nel linguaggio per mezzo dell'associazione semantica di immagini analoghe: ogni parola pronunciata internamente evoca un'immagine corrispondente, che richiama delle altre; immagini generali dominano quelle particolari, secondo una gerarchia inerente alla struttura del linguaggio. Le lingue latine appartengono per la maggior parte a quest'ultima tipologia, mentre l'arabo mostra una pura audizione intuitiva o logica fonetica, identità di suono e di atto, insieme alla priorità dell'azione che si afferma attraverso il ricco tessuto di questa lingua. In principio, ogni parola araba deriva da un verbo, la cui radice, che consiste di tre suoni invariabili, assomiglia al sonoro ideogramma di un atto fondamentale quale "raccogliere insieme", "dividere", "includere", "penetrare", con la piena polivalenza fisica, psichica e spirituale dell'idea in questione; da una singola radice si sviluppano ben dodici modalità verbali -semplice, causale, intensivo, reciproco e così via- ed ognuna di queste modalità produce, attraverso la polarizzazione del passivo e dell'attivo, del soggetto e dell'oggetto, una pleiade intera di sostantivi ed aggettivi, il cui significato è sempre connesso, in maniera più o meno diretta, con l'atto fondamentale rappresentato dalla radice a tre lettere dell'intero albero verbale.

La trasparenza semantica del linguaggio- il fatto che, nel suo simbolismo, derivi interamente dalla natura fonetica del verbo- è una prova del suo essere relativamente primordiale. In origine, e nella profondità stessa delle nostre coscienze, le cose sono concepite spontaneamente come determinazioni di un suono primordiale che risuona nel cuore e questo suono non è altro che il primo atto di coscienza non individualizzato. A questo livello o in questo stato nominare una cosa coincide con l'identificarsi con l'atto o il suono che la produce; il simbolismo inerente nel linguaggio- più o meno velato o deformato da abitudini acquisite- afferra la natura di una cosa non in maniera statica, così come può essere colta un'immagine, ma in uno *status nascendi*, ossia nell'atto di divenire. Questo aspetto del linguaggio in generale e della lingua araba in particolare è nel mondo musulmano oggetto di un insieme di scienze, alcune filosofiche ed altre esoteriche. Possiamo, quindi, affermare che gli studiosi musulmani non hanno solo conservato questa struttura in arabo, ma hanno contribuito a renderla esplicita.

Al fine di comprendere in che modo l'arabo, che è una lingua di origine beduina, sia riuscito a diventare, quasi senza alcuna influenza esterna, la lingua di una civiltà intellettualmente molto ricca e differenziata, è necessario sapere che le sue radici verbali sono capaci di esprimere in maniera attiva delle determinazioni che le lingue indio-europee generalmente esprimono con un aggettivo associato con il verbo essere. La radice BTN, per esempio, comprende i significati di "trovarsi dentro", e la radice ZHR di essere fuori; la radice RHM invece riassume tutte le modalità di essere misericordioso e compassionevole. L'atto fondamentale, che si trova alla radice di un "albero" di espressioni non è quindi necessariamente un'azione nel senso ordinario del termine; potrebbe essere un atto esistenziale, come quello della luce che brilla, o un atto puramente logico, come essere grande o essere piccolo. Il grande potere di astrazione della lingua araba si trova nella possibilità di raccogliere ogni modo di essere di un ente in un atto principale. Ciò che qui dobbiamo comprendere, per quanto riguarda l'arte, è il carattere implicitamente uditivo di questa astrazione: il passaggio dal particolare al generale è un a priori indicato dalla presenza, in un'espressione data, di radici di suoni che richiamano un atto prototipico.

La relazione tra atti prototipici e le loro derivazioni verbali non è comunque sempre semplice da comprendere, a causa del significato spesso molto particolare e convenzionalmente stabilito di un determinato termine derivato, ed inoltre soprattutto a causa dell'idea fondamentale espressa dalle radici che sono di natura estremamente complessa. Un orientalista si è spinto così avanti da affermare che "la struttura della lingua araba sarebbe di un'incomparabile trasparenza se il significato di una radice non fosse arbitrario". È comunque scarsamente possibile che la base di un linguaggio sia arbitraria. Infatti, le radici verbali marcano il limite tra il pensiero discorsivo ed una sorta di percezione sintetica che ha il suo modello sia nella mente che nel corpo. Per questa ragione la lingua araba può essere definita un pensiero sospeso dall'intuizione uditiva.

Se questi dati sono trasportati nell'ambito dell'arte, con tutte le riserve che generalizzazioni di questa natura comportano, possiamo affermare che l'arabo costituisca a priori un tipo uditivo piuttosto che visuale, in cui il primo elemento è non solo preponderante ma prioritario rispetto al secondo. Infatti, il suo bisogno di esteriorizzazione artistica è largamente assorbito dalla cultura del suo linguaggio, con il suo fonetismo affascinante e la sua quasi illimitata facoltà di produrre delle nuove derivazioni verbali. L'arabo è contemplativo nel senso ordinario del termine, se s'intende con quest'aggettivo un tipo di uomo che contempla piuttosto di agire e che spontaneamente riduce le forme percepite a forme prototipiche che sono in principio immutabili. L'arabo ama analizzare le cose considerando le loro funzioni intrinseche e le attività che in loro si riflettono. Questo significa che la sua mentalità non è statica, ma essenzialmente dinamica. Comunque, un contemplativo- l'Islam lo prova e la lingua araba include questa possibilità- trova accesso all'unità per mezzo del ritmo, che assomiglia alla rifrazione dell'eterno presente nella corrente del tempo.

Gli esempi plastici, che illustrano questa tendenza sorgono dalla mente: in particolare l'arabesco, che nel suo sviluppo è nello stesso tempo regolare ed indefinito, è invece l'espressione più diretta del ritmo nell'ordine visuale. Anche se è vero che le sue forme più perfette non siano concepibili senza il contributo artistico dei nomadi dell'Asia centrale, tuttavia ha avuto il suo pieno sviluppo negli ambienti arabi. Un altro tipico elemento nell'arte musulmana, il cui sviluppo va di pari passo con la dominazione araba, è il motivo intrecciato, che compare in tutta la sua perfezione dal tempo degli Omayyadi nella forma di grate a copertura delle finestre delle moschee e dei palazzi. Per godere del gioco geometrico, che costituisce l'essenza dei motivi intrecciati, non è necessario guardarlo direttamente, ma piuttosto leggerlo seguendo il corso delle forze che si intrecciano a vicenda e si compensano.

L'intreccio esiste già nei mosaici dei pavimenti della tarda antichità, ma in una condizione rudimentale e derivante da una concezione naturalistica priva della complessità e della precisione ritmica dello stile arabo-musulmano.

Questi esempi appartengono ad un'arte astratta e non figurativa e anche questo caratterizza il genio arabo: contrariamente a ciò che si crede solitamente, l'arabo medio scarsamente possiede un' "immaginazione lussureggiante". Quello che possiamo leggere nella letteratura araba, per esempio nei racconti delle "Mille ed una Notte", non è di origine araba, ma indiana e persiana; solo l'arte del narrare storie è araba. Lo spirito creativo degli arabi è a priori logico e retorico, poi ritmico ed incantatorio; la ricchezza si trova negli arabeschi mentali e non nella profusione delle immagini evocate.

Il rifiuto più o meno categorico delle immagini nell'arte dell'Islam ovviamente ha la sua spiegazione in ragioni di ordine teologico. Comunque, è un fatto che i nomadi semiti non posseggano una tradizione figurativa - gli arabi pre-islamici hanno importato la maggior parte dei loro idoli- e che per gli arabi le immagini non siano mai divenute un mezzo trasparente e potente di espressione, così come invece accade per gli iraniani ed i mongoli, che professano anch'essi la religione islamica. La realtà del verbo eclissa quella della visione statica: paragonata con la parola che si trova in un atto e la cui radice s'immerge nelle primordialità del suono, un' immagine dipinta o scolpita appare come un' allarmante coagulazione della mente.

La lingua araba non è comunque interamente dominata dall'idea del verbo-atto, ma comprende un polo statico o meglio atemporale, che si mostra in quella che viene chiamata "frase nominale", in cui il soggetto ed i predicati sono giustapposti senza una copula. Questo permette la formulazione di un pensiero in modo lapidario e al di fuori di ogni considerazione temporale.

Una frase di questo tipo assomiglia ad un'equazione; inoltre l'utilizzo di determinate preposizioni può imprimere su di essa un interno movimento logico. L'esempio più impressionante di questo tipo è la formula che costituisce la fondamentale testimonianza di fede dell'Islam: la ilaha illa Lllah, una frase che può essere tradotta letteralmente come "nessuna divinità se non la Divinità" (in arabo la simmetria delle negazioni- la ed illa, "no" e "se non" è ancora più evidente). In questa formula, il carattere statico della frase nominale scompare come risultato di una pura azione intellettuale, che corrisponde ad un'integrazione: "Non vi è alcun essere autonomo a parte il solo Essere". È la distinzione tra il relativo e l'assoluto e la riduzione del primo al secondo.

La lingua araba, quindi, comprende la possibilità di condensare l'intera dottrina in una formula breve e concisa che assomiglia ad un diamante con angoli affilati e facce riverberanti. È vero che questa possibilità di espressione è attualizzata pienamente solo dalla rivelazione, in quanto prima di tutto appartiene al Corano, ma è anche inerente al genio arabo e si riflette nell'arte arabo-islamica, che non è solo ritmica ma anche cristallina.

La concisione della frase araba, anche se non limita la profondità del significato, tuttavia non favorisce una sintesi a livello descrittivo: l'arabo raramente accumula molte condizioni e circostanze in una sola frase, ma preferisce mettere insieme una serie di brevi frasi. Sotto questo punto di vista, la lingua turca, che è imparentata con le lingue mongole, è meno arida e più flessibile dell'arabo; è quindi chiaramente superiore quando deve essere descritta una situazione o un paesaggio, il che è vero anche nel caso del persiano, una lingua indeuropea vicina al gotico. Tuttavia, entrambe queste lingue hanno preso in prestito non solo la loro terminologia teologica ma quasi tutta la loro terminologia filosofica e scientifica dall'arabo.

La lingua cinese si pone all'estremo opposto dell'arabo, in quanto è dominata da una statica visione delle cose e raggruppa gli elementi del pensiero intorno a dei pittogrammi fissi, come dimostra il carattere ideografico della pittura cinese.

I turchi sono una popolazione di origine nomade come gli arabi, ma il loro linguaggio li connette ad un tipo mentale piuttosto diverso; l'arabo è dinamico ed incisivo nel suo modo di pensare, mentre il turco è prudente ed avvolgente. All'interno della cornice generale dell'arte islamica, il genio turco si rivela in una potente capacità di sintesi dal suo spirito che si potrebbe dire totalitario. Il turco possiede un talento plastico e scultoreo che l'arabo non possiede; la sua opera deriva da una concezione inclusiva; sembra cesellata da un unico blocco. L'interno delle più antiche moschee turche richiama infatti lo spazio chiuso di uno *yurt* e la calligrafia turco-araba vanta un'influenza mongola.

Come l'arte persiana è distinta dal suo senso di differenziazioni gerarchiche, così l'architettura persiana è perfettamente articolata senza essere funzionale nel senso moderno del termine. Per il persiano, infatti, l'unità si manifesta al di sopra dell'armonia. I persiani, inoltre, sono figurativi per natura e per cultura; sembra però che la loro attività artistica sia animata e pervasa da una melodia interiore. Si dice comunemente in Oriente che l'arabo sia la lingua di Dio, mentre il persiano quella del Paradiso, il che riassume molto bene tutta la differenza esistente, per esempio, tra un'architettura tipicamente araba, come quella del Maghrib, dove la cristallina geometria delle forme proclama il principio unitario, e l'architettura persiana con le sue cupole blu e gli ornamenti floreali.

L'architettura araba non si lascia spaventare dalla monotonia; può aggiungere pilastro dopo pilastro e arco dopo arco, riuscendo a dominare questa ripetizione solo attraverso un'alternanza ritmica e la perfezione qualitativa di ciascun elemento.

La lingua del Corano è presente dappertutto nel mondo islamico; l'intera vita del musulmano è costellata da formule coraniche, come preghiere, litanie, invocazioni in arabo, i cui elementi sono derivati dal libro sacro, così come testimoniano innumerevoli iscrizioni. Si potrebbe affermare che quest'ubiquità del Corano si comporta come una vibrazione spirituale -non c'è un termine migliore per designare un'influenza che è di natura insieme spirituale e sonora- e che questa vibrazione necessariamente determina i modi e le misure dell'arte musulmana. L'arte plastica dell'Islam è quindi in una certa maniera un riflesso del mondo coranico.

Ciononostante è molto difficile cogliere il principio che unisce quest'arte al testo coranico, non sul piano narrativo, che non gioca alcun ruolo nella normale arte plastica islamica, ma sul piano delle strutture formali, perché il Corano non obbedisce ad alcuna legge compositiva né nell'interna relazione dei suoi contenuti, che sono stranamente discontinui, o nel suo stile verbale, che elude tutte le regole della metrica. Il suo ritmo, sebbene sia così potente e così penetrante, non segue nessuna misura fissa, ma appare piuttosto improvvisato, in quanto qualche volta impiega un ritmo marcato, per poi mutare improvvisamente il suo respiro, passo e cadenze in una maniera inaspettata ed estremamente impressionante. Asserire che il Corano assomiglia alla poesia araba, in quanto sono presenti dei passaggi in ritmo monotono simile al *rajaz* beduino, sarebbe un errore, così come la dichiarazione che le sue monotonie e le improvvise discontinuità non corrispondono alla natura araba.

In realtà, la condizione di armonia interiore che il Corano suscita, e a cui sia le consonanze che le dissonanze sia nella bellezza che nella asperità contribuiscono, si situa su di un piano completamente differente da quello occupato dall'arte. La poesia perfetta- come ogni perfetta opera d'arte- spinge l'anima in una determinata condizione di pienezza; il Corano d'altra parte suscita, in chiunque ode le sue parole e fa esperienza della sua magia sonora, sia la pienezza che la povertà, da e prende; stende le ali dell'anima, poi la depone in basso e la priva di tutto. In altri termini, ha nello stesso tempo una funzione purificante e confortante, come una tempesta. Raramente si potrebbe affermare che l'arte umana abbia questa virtù. Questo significa che non vi è alcun stile coranico che possa essere trasportato nell'arte, ma esiste una condizione dell'anima che è supportata dalla recitazione coranica e che predispone a certe manifestazioni formali ad esclusione di altre. Il diapason del Corano unisce sempre una nostalgia intossicante con la più grande sobrietà; è lo splendere del sole del divino sul deserto umano. In un certo senso, il ritmo fluttuante ed esuberante dell'arabesco ed il carattere astratto e cristallino dell'architettura corrispondono a questi due poli, in quanto sono due elementi che ricorrono costantemente.

Comunque, il legame più profondo tra l'arte islamica ed il   Corano è di tipo completamente differente: si trova non nella forma del Corano bensì nella sua haqiqa, la sua essenza sopra-formale ed in modo più particolareggiato nell'idea del Tawhid (unità) con le sue implicazioni contemplative. L'arte islamica, nelle senso di tutte le arti plastiche dell'Islam, costituisce essenzialmente la proiezione, nell' ordine visuale, di certi aspetti o dimensioni dell' Unità Divina.

Non dobbiamo, comunque, dimenticare che la calligrafia sacra riflette in modo proprio lo stile magnifico delle sure coraniche senza che comunque sia possibile definire nel dettaglio la natura di questa analogia. Però, per il fatto stesso che la scrittura serve per fissare la parola di Dio, è l'arte più nobile nell'Islam, ed è quasi per la stessa definizione l'arte più tipicamente araba.

In riferimento a quest'ultimo punto, è piuttosto significativo che l'astratta natura dei segni -essendo la scrittura araba puramente fonetica- dia vita ad uno straordinario sviluppo di ritmi grafici senza che le forme essenziali delle lettere subiscano delle modifiche. Lo sviluppo generale e naturale della scrittura araba tende verso una fluidità delle forme; stili differenti non solo si seguono a vicenda, ma esistono fianco a fianco specialmente nell'epigrafia monumentale.

La calligrafia araba si trova quindi agli antipodi di quella dell'estremo oriente, che deve essere menzionata in questo contesto in quanto rappresenta il picco dell'arte della scrittura. Il calligrafo cinese e giapponese isola i segni, a ciascuno dei quali corrisponde un'idea distinta; utilizzando un pennello egli evoca in poche o singole pennellate un'immagine chiave o un nucleo visuale di un'idea correlata. Il calligrafo arabo, dall'altro canto, utilizza una penna -una canna tagliata su entrambi i lati- e con questa traccia linee precise e molto spesso intersecate; per quanto sia possibile connette le lettere le une alle altre, sottolineando nello stesso tempo il loro contrasto: la scrittura corre da destra verso sinistra ed in questa direzione orizzontale le forme si uniscono le une con le altre, mentre nella direzione verticale le lettere rimangono isolate ed in un certo senso mettono la punteggiatura alla continua melodia delle linee.

Dal punto di vista del simbolismo degli assi spaziali, che inoltre è inerente anche all'arte della tessitura, gli elementi verticali delle lettere, che trascendono il flusso della scrittura, corrispondono alla loro essenza, mentre il movimento orizzontale rappresenta la continuità materiale delle loro forme; la tensione verso l'alto assomiglia ad un raggio dell'essenza divina, che si differenzia dalla sua stessa unità, proprio come l'istante presente distingue tra passato e futuro, mentre il movimento orizzontale, che procede in onde continue, è l'immagine del divenire o della vita. In determinati stili calligrafici, come il *thuluth*, per esempio, questa polarità è condotta fino ai limiti; nella direzione della corrente orizzontale, la melodia delle curve ampie e varie corrisponde al ritmo dell'incisiva tensione verso l'alto, formata specialmente dalle linee verticali dell'*alif* e del *lam*: assomiglia ad una attestazione instancabile (*shahadah*) dell'Unità accompagnata da una gioiosa e serena espansione dell'anima.

L'antica decorazione islamica: l'idea dell'arabesco

Oleg Grabar

Lo scopo di questo capitolo è quello di analizzare nel modo più dettagliato possibile alcune questioni relative all'arte islamica. Per prima cosa, un'analisi di alcuni dei monumenti principali può condurre a delle conclusioni relative al preciso carattere ed evoluzione delle decorazioni. Un secondo obiettivo è invece quello di scoprire se ci sono modi di definire uno stile decorativo o forse una modalità decorativa, in quanto le energie artistiche dei primi secoli dell'Islam hanno mostrato la tendenza a decorare qualsiasi oggetto con cui gli artisti entrassero in contatto.

Quando però asseriamo che il mondo musulmano, per qualsivoglia motivo, ha impiegato le sue energie nella decorazione, stiamo facendo una supposizione abbastanza discutibile, ossia che la dicotomia tra iconografia e decorazione rispecchi due finalità artistiche ed esperienze visuali completamente differenti. In realtà, dobbiamo domandarci se alcuni significati possono non essere attribuiti a quelle forme dell'antica arte islamica, che appare ornamentale solo quando viene paragonata ad altre tradizioni. Alternativamente, possiamo anche concludere che il mondo musulmano rifiuti semplicemente le forme visuali come maggiore espressione della sua cultura o che abbia scoperto alcuni nuovi modi di contemplazione da cui sono scaturite poi diverse forme d'arte.

L'ampio numero di reperti archeologici scoperti negli ultimi cinquant'anni ha reso la discussione sull'arte decorativa piuttosto difficoltosa, in quanto lo studioso è chiamato ad operare una precisa scelta metodologica. Si può procedere cronologicamente iniziando dalla Cupola della Roccia e così tracciare una curva evolutiva fin dove si desidera. Si potrebbero anche scegliere uno o più motivi ed analizzare il modo in cui compaiono in una serie di monumenti. È egualmente possibile mettere in risalto una tecnica o selezionare arbitrariamente un piccolo numero di monumenti, traendo da questi determinate conseguenze. Ognuna di queste scelte è comunque legittima e necessaria. Tutti però richiedono delle discussioni dettagliate che rischiano di rallentare il tentativo di stabilire delle ipotesi per una ricerca successiva. Quindi, dopo tre osservazioni generali, verrà introdotto un piccolo gruppo di esempi da cui dedurre poche conclusioni ed interpretazioni.

La prima osservazione preliminare è relativa ai luoghi e alle epoche che rappresentano una variabile molto importante nell'ambito delle decorazioni. Iniziando con la Cupola della Roccia nel 691 e terminando con il *Mshatta* intorno al 740-745, la parte occidentale della Mezzaluna fertile contiene la porzione più ampia di monumenti che c'interessano. Nulla però è conosciuto in merito alle decorazioni siriane tra il 750 ed il XII secolo, sebbene delle recenti scoperte al Qasr al-Hayr nella parte orientale ed a Raqqa -quando saranno pubblicate e studiate- possano dare alcune risposte sulla tarda evoluzione dello stile siriano. Per ora però l'arte siriana al tempo degli Omayyadi appare isolata ed è molto più difficile assumere una continuità o evoluzione nelle decorazioni presenti nelle moschee o nei palazzi o mettere in relazione delle forme ornamentali agli usi o al gusto attuale.

Poi uno stile o gruppi di stili possono essere identificati in Iraq nel IX secolo sia nell'ambito della decorazione architettonica che nelle ceramiche, specialmente attraverso le scoperte fatte a Samarra.

Questo stile, o parte di esso, ha avuto un'influenza alquanto ampia, dal momento che uno dei suoi componenti più originali, il cosiddetto stile smussato, compare dal Marocco all'Asia centrale. La maggior parte degli esempi disponibili sono comunque costituiti da dettagli incidentali in Egitto, dove sia le fonti archeologiche che storiche confermano una maggiore influenza irachena nel tardo IX secolo. L'Egitto, comunque, ha conservato la maggiore collezione di opere in legno che riflettono anche delle tradizioni locali. Un terzo gruppo piuttosto antico proviene dalla Spagna, dove la moschea di Cordova e la *Madinah al-Zahra* hanno conservato un ampio numero di esemplari, che risalgono per la maggior parte al X secolo. Per una serie di motivazioni, le decorazioni architettoniche in Spagna hanno delle tendenze arcaicizzanti e sono stilisticamente più vicine ai modelli della Siria degli Omayyadi o all'antica arte bizantina che all'arte abbaside irachena, dove l'avorio esibisce una maggiore originalità stilistica. Dall'Iraq orientale possediamo per la maggior parte una collezione di ceramiche, mentre le rovine architettoniche come quelle di Nishapur appaiano invece piuttosto frammentarie.

Nella moschea abbaside a Balkh, gli stucchi in stile nordafricano estremamente ricchi ma di difficile datazione insieme al mausoleo samanide a Bukhara rappresentano i maggiori capolavori nell'ambito dell'arte decorativa. La moschea a Nayin del X secolo costituisce invece uno dei monumenti più importanti dell'Iran occidentale.

Questi esempi dimostrano chiaramente, ancora una volta, che le informazioni in nostro possesso indicano verso la Siria e l'VIII. Un punto più importante da sottolineare è che la storia delle forme ornamentali ha più componenti rispetto a quelle strettamente cronologiche. La datazione di un monumento può infatti essere comunque secondaria rispetto al suo significato. Per esempio, l'ambientazione religiosa e sociale della Sedrata nell'Algeria del Sud, anche se non ha molta importanza per l'Algeria e per il X secolo, tuttavia è essenziale per la Siria del VIII secolo e per l'Iraq, in quanto gli abitanti eterodossi di Sedrata vissero in un mondo chiuso, che era stato ispirato dagli antichi movimenti iracheni e siriani.

Una seconda variabile nelle nostre considerazioni sono le molte tecniche rappresentate: stucchi, pietre, mosaici, ceramiche, opere in legno, avorio, lavori in metallo o vetro. Anche se vi sono ragioni per studiare la natura della tecnica e la storia separatamente, due caratteristiche giustificano una considerazione della decorazione come tale, indipendentemente dalla tecnica. Uno è relativo ai numerosi tentativi fatti dai primi artisti musulmani di trasferire i medesimi effetti da una tecnica ad un'altra. Alcuni di questi tentativi sono consapevoli, come nei mosaici di *Khirbat Minyah* e *Khirbat al-Mafjar*, dove sembra essere riprodotta un'antica tecnica di tessitura. Altre trasposizioni sono invece meno ovvie. Possiamo però sostenere che la presenza di una serie continua di *senmurvs* iraniani o animali mitici dalla testa di cane tra i dipinti presenti a *Khirbat al-Mafjar* dimostrano l'influenza di un tipo di tessuto persiano, mentre un gruppo di lavori in stucco posti in medaglioni possono essere interpretati come la trasformazioni in scultura del disegno tessile conosciuto nell'arte copta ed altrove. Generalmente parlando, la maggior parte delle decorazioni dei ricchi palazzi in Siria e Palestina sembra essere derivata da piccoli oggetti ingranditi secondo una tecnica che ricorda quella dell'arte romanica.

Sebbene sia stato dimostrato che le conclusioni deducibili dall'architettura e dalla decorazione dei palazzi omayyadi possono essere invalidate dalla funzione privata degli edifici e dalla loro collocazione, il più ampio ma meno ricco di decorazioni, che si trova a Samarra, conferma la costante esistenza di tali trasposizioni da una tecnica ad un'altra. La tecnica più originale dal punto di vista stilistico -ossia lo stucco- si dice solitamente che derivi dalla tradizionale lavorazione dei metalli e del legno nell'Asia Centrale. È comunque possibile ricondurre questa tecnica ad un'arte turca conosciuta già dal primo secolo precedente alla nostra era nella zona degli Altai. Quest' impatto specificatamente turco non è stato dimostrato abbastanza convincentemente e pone troppe domande dal punto di vista cronologico, storico ed etnico, cui non è stata ancora data una risposta, e quindi costituisce una semplice ipotesi, anche se possiamo ritenere che la lavorazione dei metalli possa aver ispirato gli stucchi. Le questioni diventano però più complicate quando ci si rivolge all'artigianato, anche se è stato dimostrato che alcune delle innovazioni tecniche nelle ceramiche siano state influenzate dalla lavorazione dei metalli. La possibilità dell'influenza di altri mezzi sulle ceramiche del nord-est sono state dimostrate meno chiaramente, forse perché non sono state studiate a sufficienza, dal momento che nel tardo artigianato islamico questa trasposizione divenne piuttosto comune.

La seconda caratteristica dell'antica arte islamica, che giustifica uno studio della decorazione a prescindere dalla tecnica, è l'importanza straordinaria dello stucco. Il suo utilizzo come tecnica di decorazione architettonica non è nuovo. Dall'epoca dei Parti in poi era una delle caratteristiche principali dell'arte iraniana, in quanto era utilizzata per coprire le murature senza pretese tipiche dell'Iran e dell'Asia Centrale. Qualche volta era dipinto, ma spesse volte era intagliato o plasmato in una certa varietà di disegni. Lo stucco era conosciuto anche nel Mediterraneo, ma sembra sia stato utilizzato prevalentemente per riparare o terminare opere incompiute. Le sculture in stucco di qualità sono piuttosto rare. Una delle conseguenze principali del nuovo equilibrio politico introdotto dall'Islam fu l'improvviso e rapido diffondersi dello stucco dall'Iran e dall'Iraq in tutto il mondo musulmano. La progettazione di nuovi ampi edifici aveva bisogno di mezzi rapidi di costruzione e decorazione; la conquista totale del mondo iraniano mise a disposizione dei principi musulmani sia il gusto iraniano sia degli artigiani estremamente esperti nelle diverse tecniche. L'importanza primaria dello stucco però è dovuta prevalentemente ad alcune delle sue proprietà. La sua natura economica rende la sua tecnica accessibile a tutti ed offre un interessante paragone con la ceramica in quanto può recare certi effetti desiderati disponibili per ogni classe sociale. La sua flessibilità rende possibile il suo impiego nell'ambito della scultura sia per la levigatura che per la riparazione. Inoltre reagisce molto bene al colore. Di conseguenza, non vi era alcun limite alle modalità in cui poteva essere utilizzato e trasformato.

Bisognava però introdurre disegni nuovi, continuando a riproporre quelli antichi. Così durante quasi tutta la storia dell'arte islamica, i monumenti con decorazioni di stucco appaiono come musei di forme. Una terza proprietà dello stucco è quella di essere la più libera e la più dipendente tecnica di decorazione architettonica. Dal momento che era indipendente dalle unità architettoniche in cui veniva posta, poteva essere utilizzata per qualsiasi finalità voluta dall'artista o dal committente. Nello stesso tempo però era anche molto dipendente in quanto molto raramente venne impiegata senza un supporto architettonico. Era l'ancella dell'architettura, le cui forme potevano essere alquanto libere e avrebbero potuto ricoprire interamente ogni parte dell'edificio, modificando in questo modo le qualità architettoniche e le caratteristiche visibili della costruzione.

Lo stucco, quindi, costituiva una tecnica di decorazione delle superfici che trasformava un edificio in modo economico e flessibile (al contrario dei mosaici, ad esempio). Però, quasi ognuna delle tecniche innovative dell'antica arte islamica erano relative agli effetti di superficie: specchi dipinti, smalti opachi e ceramiche dipinte. Possiamo, quindi, concludere che la nuova cultura, abbastanza consapevolmente e attraverso l'impiego di tecniche diverse, abbia cercato di enfatizzare la superficie rispetto alla forma e ha scelto un mezzo per essere il più libera possibile dalle proprietà fisiche degli oggetti e monumenti. Era un'arte dell'illusione, che poteva rendere le cose differenti da quello che erano veramente. A questo punto ci si potrebbe domandare per quale ragione le energie di una cultura fossero state spinte così tanto in questa direzione, questione questa che prenderò in considerazione successivamente.

La terza considerazione preliminare riguarda i motivi utilizzati nelle antiche decorazioni islamiche. Uno sguardo superficiale della massa delle vestigia rinvenute mostra un numero incredibile ed una varietà di motivi per i quali un significato iconografico ancora non può essere proposto. Quest'impressione è particolarmente forte se consideriamo i monumenti degli Omayyadi presenti in Siria ed in Spagna, dove insieme alla creazione di nuovi motivi ornamentali, quelli antichi erano nello stesso tempo riutilizzati ed imitati. Le decorazioni architettoniche dell'Iraq del IX secolo ci appaiono meno variegate, anche se i ceramisti iracheni hanno lasciato un ampio vocabolario ornamentale, come per esempio le ceramiche dell'nord-est dell'Iran. La decorazione architettonica in Iran è interessante per la sua varietà e quasi ogni nuova scoperta porta alla luce un nuovo gruppo di disegni e di stili. Più di ogni altra serie di monumenti o di temi fino ad ora discussi, la decorazione dipende da un numero di varianti piuttosto infinito, molti dei quali sono indipendenti dagli stessi motivi, in quanto ogni nuovo committente o finalità può introdurre un nuovo gusto o una nuova idea. Le funzioni sociali, psicologiche, etniche, religione ed economiche sono inoltre tutte coinvolte nella spiegazione di un dato disegno ornamentale.

Nonostante la profonda varietà di motivi, è possibile organizzarli secondo ampie categorie. Per ora vorrei limitarmi alla considerazione dei temi stessi, ossia quelle unità individuali che possono essere separate dal loro contesto ed utilizzate in disegni diversi. Con l' eccezione di Samarra, che verrà discussa successivamente, quasi tutti i frammenti disponibili possono essere divisi in tre gruppi. Il primo ed il più ampio consiste di elementi vegetali: palme, mezze-palme, foglie di uva, grappoli e rosette predominano, in quanto quasi ogni motivo di natura vegetale può essere trovato nell'arte bizantina, sasanide e dell'Asia Centrale. Antichi ornamenti indiani possono essere utilizzati anche nell'arte islamica. Inoltre, se ci limitiamo ad una definizione piuttosto stretta di motivo, sembra che nell'antica arte islamica non venne inventato nessun nuovo elemento. Ciò che invece subì una straordinaria trasformazione è stata la distribuzione geografica degli ornamenti. I temi vegetali originari dell'Oriente si diffusero nel Mediterraneo fino alla stessa Spagna, ma non avvenne il contrario, se non per quel che concerne qualche caso isolato. Questo fenomeno è molto più inspiegabile di quanto sembri perché, anche se consideriamo l'importanza assunta nell'arte islamica dal gusto e dagli artisti iraniani, l'architettura nello stesso tempo non mostra la medesima tendenza.

Il secondo gruppo di motivi consiste in disegni definibili come geometrici, che possono essere utilizzati come cornici per altri tipi di motivi o costituire il disegno stesso, come nel caso di mosaici o finestre. Proprio come nel caso delle decorazioni di tipo naturalistico, quasi tutte le tipologie di motivi, identificabili attraverso un'analisi attenta, si trovano nell'antica arte islamica e le elaborate geometrie degli stucchi di *Khirbat al-Mafjar* e *Qasr al-Hayr* costituiscono una traduzione in un nuovo medium di comuni motivi a mosaico.

In quasi tutti gli esemplari la caratteristica principale dei disegni geometrici è la tensione tra un'unità completa ed una spezzata. In altre parole, se ha creato un motivo basato su linee intersecanti, su cerchi o su combinazioni di cerchi e linee, l'artista più abile tende ad evitare di rendere esplicite e visibili le unità o l'unità con cui ha lavorato. Spesso le spezza improvvisamente o combina i motivi vicini in una forma nuova. Anche se lavora prima di tutto solo con compasso e riga, cerca sempre di evitare la rigidità di una pura composizione geometrica e molto spesso riesce a creare degli effetti spettacolari come nel caso dei mosaici di *Khirbat al-Mafjar* o nei marmi intarsiati di Cordova.

Il terzo gruppo di motivi è costituito da una categoria mista che, dopo uno studio ulteriore, può essere collocata in una delle precedenti categorie. Ci sono però anche motivi quali i tratteggi o punti nelle ceramiche, o determinate bordature sugli stucchi *Khirbat al-Mafjar,* per cui non può essere individuata nessun' altra categoria. Sui manoscritti illuminati e sui bronzi appare il motivo dell'arco che può avere una funzione esclusivamente ornamentale, ma che potrebbe avere anche un chiaro significato iconografico. La stessa incertezza in merito al significato circonda le figure di animali e qualche volta di esseri umani, che compaiono su alcuni oggetti e monumenti.

Una comprensione adeguata delle decorazioni islamiche non può essere conseguita senza uno studio dettagliato delle variazioni regionali, sociali e temporali delle tecniche e dei motivi. Per le finalità del capitolo però, la discussione è limitata alla decorazione architettonica, in quanto ci fornisce molti esempi interessanti.

Prendiamo in considerazione i due frammenti di stucco provenienti da *Qasr al-Hayr* (ovest) e da *Khirbat al-Mafjar*. Il primo è un singolo pannello rettangolare trovato in una delle torri della facciata. È parte di una serie di pannelli su una banda di foglie di acanto. Un gruppo di doppie linee disposte diagonalmente e riempite di foglie a forma di cuore divide il campo in losanghe, che sono poi riempite o con rose o con unità floreali artificiali disposte intorno ad un'unica asse verticale. Non sappiamo quante unità ci fossero ed in che modo fossero disposte, perché il pannello è stato ricostruito da una miriade di piccoli frammenti. L'esempio di *Khirbat al-Mafjar* consiste in un pannello simile diviso in file di quadrilateri separati da cerchi, i cui interstizi sono riempiti da una singola mezza-palma. Le unità circolari contengono delle rosette o combinazioni di mezze palme, quelle rettangolari invece dei disegni verticali che assomigliano a degli alberi che terminano in grappoli d'uva, foglie di vite o palme: i tre motivi sono utilizzati in maniera piuttosto indiscriminata.

Il secondo esempio è la celebrata facciata del *Mshatta*: un'ampia banda alta più di 4,25 metri incorniciata da motivi decorati in modo elaborato posta nella parte centrale della facciata del palazzo. La caratteristica principale di questa lunga banda è una serie di 28 triangoli uguali. In realtà questi elementi ci appaiono come chiari triangoli solo perché l'edificio non venne mai terminato. Il progetto infatti implicava un lungo bordo a serpentina che avrebbe diviso la superficie in 56 triangoli uguali. Ogni triangolo contiene una rosa enorme, che è in rilievo, e un gruppo di motivi concentrici. Il resto della superficie presenta invece composizioni differenti in cui sono presenti motivi geometrici e figure di animali. È stato notato che le figure di animali sono assenti dalla parte dell'edificio rivolto verso la moschea e quindi può essere attribuito loro un significato iconografico negativo.

Un pezzo di marmo intagliato risalente al X secolo sul lato dalle mihrab di Cordova può essere preso in considerazione come esempio per quel che riguarda il mondo islamico occidentale. Il disegno principale è incorniciato da un bordo di foglie e steli difficilmente distinguibili, che forma una sorta di motivo ondulato intorno all'oggetto. Nel centro una singola unità lineare somigliante ad un tronco riveste la funzione di asse di un complesso motivo di steli, foglie e fiori che coprono il resto dello sfondo.

Alla fine, nel terzo stile, presente a Samarra, la ripetizione dei tagli angolari ha cancellato l'originario naturalismo delle unità della decorazione. Tecniche simili vennero utilizzate in un gruppo di legni intagliati in Egitto, in cui ad intervalli regolari appare una profonda scanalatura. Un numero di altri frammenti illustrati, per esempio gli stucchi di Nishapur o una certa varietà di ceramiche, costituiscono anche degli esempi appropriati per lo studio della decorazione, ognuno dei quali merita però un esame lungo e descrittivo.

In tutte queste opere le visibili unità del disegno -vegetali, geometrici ed altro- sono state totalmente subordinati ad un numero di principi astratti. Le forme fisiche sono state costrette in un veicolo per l'espressione di qualcosa di diverso da esse. Prima di tutto, ogni oggetto o muro è completamente coperto; nessuna parte è lasciata priva di ornamenti. Questo è il famoso horror vacui secondo cui la decorazione islamica è stata spesso definita. Più precisamente, la relazione fondata nei classici ornamenti romani tra uno sfondo su cui o contro cui un ornamento si pone è stato sostituito o da un contrasto tra la luce e le ombre -in *Mshatta*- o, come a Samarra, dall'impossibilità di distinguere le due. Secondariamente, l'ornamento può essere meglio definito come una relazione tra forme piuttosto che come una somma di esse. Questa relazione può essere spesso espressa in termini geometrici, ed ognuno degli esempi selezionati- specialmente le sculture di *Qasr al-Hayr*- possono essere definiti attraverso un qualche tipo di strutture geometriche. In Samarra questo sistema di definizione è il più impressionante, in quanto non vi è altro modo di descrivere i disegni in stucco eccetto che in termini di una relazione tra linee e forme, nessuna delle quali può essere definita separatamente. Comunque è interessante notare che questa procedura non era fine a se stessa, ma costituiva un dispositivo per una rappresentazione, come può essere dimostrato in un famoso lavoro in legno intagliato fatto in Egitto, in cui attraverso linee ed ombre di contrasto viene disegnata la sagoma di un uccellino. Però il suo grado di astrazione non lo rende adatto per la rappresentazione. Ci si può infatti domandare se sia teoreticamente possibile che i disegni astratti rappresentino dei soggetti concreti.

Il ruolo della geometria è un altro degli argomenti che vorrei discutere. Le maggiori unità geometriche tradotte in linee sono cerchi e rombi e, mentre ci sono esempi (in modo particolare nei mosaici) di composizioni piuttosto straordinarie, non possono essere paragonate per la loro complessità ai motivi dei secoli più antichi. Inoltre, in questo tipo di decorazione è possibile trovare una simmetria intorno ad un numero variabile di assi, che serve come centro intorno ai quali si sviluppano i motivi. Però molte di queste assi non sono entità fisiche definite. Tranne per quel che concerne l'esempio di Cordova con il suo centro simile ad un bastone con un chiaro inizio e fine, le assi tendono ad assumere una forma dell' immaginazione visuale, perché non esistono di per se stesse ma grazie al resto del disegno, che però non ha senso e non può essere descritto senza di esse.

Alternativamente, come nei frammenti di *Qasr al-Hayr* e di *Khirbat al-Mafjar*, la simmetria è sostituita o rimpiazzata da ciò che può essere definito un motivo complessivo, uno o (più raramente) più unità sono ripetute in modo da riempire tutto lo spazio disponibile. Qualche volta, come nel caso di *Khirbat al-Mafjar* e di alcune ceramiche, compare una sorta di tensione tra un motivo indipendente e statico ed un altro invece aperto e dinamico. Però l'aspetto più importante relativamente alla simmetria e al motivo complessivo è che, nel modo in cui ciascuno viene utilizzato, nessuno contiene in se stesso una fine logica del disegno. Così il quarto principio dell'antica decorazione islamica è la possibilità di una crescita infinita, di cui la facciata di *Mshatta* costituisce uno degli esempi più antichi.

D'altra parte, il motivo può essere esteso a piacere in ogni direzione, come nel caso di Samarra; la volontà del decoratore è la sola che definisce i limiti del disegno. Questo tipo di motivo inoltre fornisce al suo osservatore una considerevole libertà. Si può perdere nella contemplazione dei dettagli, mentre conta le unità tematiche. Può prendere un singolo motivo, eseguirlo in un triangolo o esaminarne le variazioni in una dozzina di uguali forme geometriche. Può anche cercare modelli di composizione o effetti di luce ed ombra. Sembra quasi che una sinfonia riccamente orchestrata sia stata congelata nello spazio: i suoi temi, motivi e strumenti sono sempre disponibili per la meditazione e l'osservazione.

Il quinto principio consiste nel fatto che un tema, qualsiasi sia la sua origine, è stato incorporato in una forma decorativa ed ornamentale. Sebbene i temi vegetali e geometrici predominino, esistono anche elementi animali, umani e calligrafici. Nel caso degli ultimi tre, comunque, vi è un problema d'interpretazione perché alcuni studi relativi ai periodi più tardi hanno dimostrato che un significato iconografico può essere attribuito anche a determinati temi animali utilizzati come decorazione. Ci si potrebbe domandare se la scrittura non conservi un valore simbolico, anche quando non è utilizzata per termini specifici. Quindi possiamo anche modificare la nostra affermazione per sostenere che la decorazione è divenuta una moda, ossia una modalità di trattare diversi soggetti senza comunque distruggere il loro significato, invece di dire che ogni soggetto può diventare una semplice decorazione. In ogni caso, rimane una certa ambiguità nell'utilizzo di rappresentazioni di esseri viventi e della scrittura calligrafica.

Il sesto ed ultimo principio, che riassume quasi tutti quelli elencati fino ad ora, è quello dell'arbitrarietà. La caratteristica più consistente della maggior parte delle antiche decorazioni islamiche è che né la grandezza né le forme interne sono stabilite da niente altro che da se stesse. *Mshatta* non è solamente un esempio meraviglioso di una banda decorativa totalmente arbitraria posta attraverso la facciata di un edificio, ma bisogna anche sottolineare che nessun motivo indica l'edificio dietro la decorazione. Questo è vero per quel che concerne qualsiasi tipo di ornamento, ma la peculiarità dell'arbitrarietà islamica è duplice. Per prima cosa, è stata condotta al livello della composizione del disegno. Dall'altro invece tende a separare la superficie del monumento o dell'oggetto dalla sua forma. In se stessa questa separazione non è una novità in quanto l'utilizzo dello stucco nell'arte sasanide già suggerisce un processo della medesima natura. È possibile quindi che l'Islam abbia ampliato, reso più complesso e diffuso in molte terre e secondo molte tecniche una forma d'arte limitata ad una singola tecnica nei palazzi e nelle case private dell'Iran pre-islamico. Attraverso questo tipo di diffusione, l'Islam ha aggiunto una caratteristica peculiare: la mancanza di permanenza. Infatti un ornamento arbitrario, che separa la superficie dal resto del monumento, può essere paragonato ad una pelle che può essere rimossa o cambiata quando cambia il gusto o quando se ne avverte la necessità. In realtà, certamente, la situazione era molto più complicata. Nei periodi più tardi sappiamo che l'artista che faceva un oggetto o un monumento ed il suo decoratore erano un'unica persona e se accadeva la medesima cosa nei tempi più antichi, come fu sicuramente il caso della ceramica, si può assumere da parte dell'artigiano una sorta di visione doppia o parzialmente contraddittoria del monumento finito. Poi inoltre, una correlazione tra determinate forme e certi disegni compare nei periodi piuttosto antichi. Per esempio i soffitti della Cupola della Roccia non condividono la medesima composizione. Però, qualsivoglia siano le varianti e le eccezioni, la presenza di un disegno arbitrario ed indipendente dalla superficie sui cui è stato posto è una caratteristica delle antiche decorazioni islamiche.

Si possono fare unicamente delle ipotesi relativamente alle ragioni di questo particolare aspetto delle decorazioni islamiche. Probabilmente il gusto musulmano è stato influenzato dagli effetti visuali dei tappeti e dei tessuti; l'entroterra nomade degli Arabi e successivamente dei Turchi potrebbe aver esercitato un certo influsso, oppure potrebbe essere stata sviluppata una determinata tecnica iraniana. Bisogna comunque essere cauti nella formulazione di simili argomenti: anche se sono presenti in un'aurea romantica presso i poeti e nell'organizzazione sociale delle città, un umore nomade o un orgoglio nomade non costituiscono il carattere principale dell'ethos musulmano medievale. Forse la riluttanza nei periodi più antichi ad utilizzare completamente sia le forme estetiche sia gli stili dei popoli conquistati condusse ad una sorta di automatica, quasi inconscia, apparizione di forme antiche e culturalmente differenti.

Prima di formulare altre probabili interpretazioni, è utile ritornare su di un monumento in cui è possibile ritrovate tutte le caratteristiche dell'ornamento, ma con un mutamento importante: il mausoleo samanide in Bukhara risalente al X secolo. Dal punto di vista architettonico può essere considerato un'opera di arte secolare che ha utilizzato la forma del padiglione per finalità funerarie. Dal nostro punto di vista, comunque, il punto fondamentale è costituito dal fatto che il mattone, il mezzo con cui è stato costruito, è divenuto anche la sua decorazione. I suoi disegni e gli effetti sono tutti definibili attraverso i principi precedentemente spiegati e quindi il monumento appare sia come una ricca superficie sia come una forma completamente sviluppata. In questo primo esempio il significativo aspetto di quello che sarà conosciuto come "stile del mattone", è che venne fatto un tentativo di realizzare in termini architettonici uno stile sviluppato precedentemente come un ornamento arbitrario della superficie. Il periodo successivo dell'arte islamica, specialmente in Iran, ha continuato a sviluppare questa nuova tecnica ed alcuni dei suoi più grandi capolavori possono essere spiegati in questo modo.

La copertura totale, la relazione tra le forme, i motivi geometrici, l'infinita crescita potenziale, la libertà nella scelta dei soggetti, l'arbitrarietà: queste sembrano essere le caratteristiche principali delle antiche decorazioni islamiche. Tutto ciò è paradossale per tre ragioni. La prima è che l'astrazione non è, come una forma chimica, la simbolizzazione semplificata di qualche realtà, come certe astrazioni matematiche, ma è la realtà in se stessa, un' invenzione artificiale dotata di regole proprie. È quindi possibile che la spiegazione ultima del suo carattere si trovi meno negli storici esercizi dell'arte che nella comprensione del pensiero matematico contemporaneo, così come è stato dimostrato per la tarda arte in Asia Centrale. Il paradosso è che, con l'eccezione del caso di Samarra, queste qualità essenzialmente astratte sono state rese visibili attraverso oggetti concreti, anche se rimane qualche incertezza sul se le qualità astratte fossero la causa voluta della decorazione o invece il risultato di qualche oscuro sviluppo delle forme decorative tradizionali. Qualunque sia la spiegazione ultima, questo è il livello al quale la decorazione islamica acquisisce lo status intellettuale di un'opera d'arte in quanto solleva questioni importanti relativamente alla relazione tra il visibile ed il suo significato.

Il secondo paradosso, che è stato sufficientemente elaborato, è che questo ornamento è sia il servo che il padrone dello spazio su cui compare. Il terzo paradosso è in parte soggettivo: questo tipo di decorazione è un esercizio pratico ed una meditazione intellettuale. È un esercizio nel senso che consiste per la maggior parte di formule che possono essere isolate, mentre nello stesso tempo stimola la meditazione.

Con quest'osservazione entriamo in un'altra area di investigazione, attraverso la quale possiamo avanzare un'altra spiegazione. Possiamo infatti domandarci se l'elaborazione dell'ornamento musulmano non possa riflettere anche una determinata attitudine presente nella cultura islamica. Due temi dell'antico pensiero islamico possono essere messi in relazione con l'arte decorativa musulmana, il primo dei quali è simbolizzato dall'espressione *lilah al-baqi*: "Tutto ciò che rimane appartiene a Dio". L'implicazione è che l'assenza di ordine nel mondo, l'irrealtà del visibile sono necessari in quanto prova della permanenza divina. Nessuna creazione umana può riflettere la realtà fisica in quanto Dio solo rende qualcosa permanente. Louis Massiggnon ha riportato alla luce una meravigliosa storia relativa ad Hallaj, il grande mistico del IX secolo, che illustra la concezione precedentemente espressa. Si udì un flauto in lontananza, ed un discepolo domandò ad Hallaj: "Che cosa è?". Hallaj rispose: "È la voce di Satana, che grida sul mondo perché vuole far sì che sopravviva alla distruzione. Piange sulle cose che passano perché desidera rianimarle, mentre Dio solo rimane. Satana è stato condannato a rimanere attaccato a tutto ciò che passa e per questo piange".

Il secondo tema, che ha origine nel pensiero ellenico ed è stato sviluppato nel pensiero islamico, è conosciuto come atomismo. Secondo l'atomismo tutti gli enti sono composti e distinti da varie combinazioni di unità eguali. Secondo la fede islamica non vi è alcun bisogno naturale e necessario che realtà fisica rimanga la medesima ed è un miracolo divino che riappaiono le medesime composizioni. Dal momento che l'artista deve evitare di imitare Dio o di competere con lui, diviene libero di ricomporre le unità della natura nel modo che ritiene più congeniale, prediligendo l'elemento dell'arbitrarietà e della assurdità.

Questi due temi possono essere utilizzati per spiegare l'arbitrarietà della decorazione, la sua artificiosità, il suo mescolamento di elementi tematici da una varietà di fonti differenti e forse anche qualcosa della sua astrazione. Questa spiegazione non è causale ma strutturale, per cui l'umore della fede e quello dell'arte sembrano condividere un certo numero di assunti comuni. Eppure ancora persistono dubbi in merito alla validità di questi parallelismi. Ci si potrebbe domandare se sia completamente appropriato trovare nel pensiero o nell'immaginazione mistica una spiegazione o un parallelismo per una tendenza decorativa comune. Sembra che le teorie scientifiche o meta-teorie, anche se sono molto più attraenti per spiegare il carattere attuale delle arti, difficilmente possono avere un impatto a livello sia sociale che economico. Possiamo inoltre rivolgere l'attenzione verso le *madhhahib*, ossia le diverse scuole di giurisprudenza intorno alle quali il pensiero e la società islamica hanno mostrato una tendenza a coalizzarsi dalla seconda metà dell'VIII secolo in poi. Comunque non possediamo nozioni sulla fisionomia della pratica spirituale in queste scuole per poter formulare per le epoche più antiche una sorta di correlazione tra un comune denominatore delle arti e ciò che sembrava essere il maggiore denominatore comune della società contemporanea.

L'antica arte ornamentale islamica è una creazione peculiare ed originale dei primi secoli dell'Islam comparsa nel mondo musulmano ed in tutte le tecniche conosciute. La sua unicità non si è mai manifestata nell' invenzione radicale di nuove forme, ma piuttosto in un modo di rapportarsi con esse che di per se stesso può costituire un'interpretazione della creazione umana. Quindi è più di un'idea, è una struttura o un modello piuttosto che uno stile. Per questa ragione sembra essere così spesso ambigua ed ambivalente. Ci si potrebbe domandare se l'ambivalenza le appartenga essenzialmente o se non debba essere considerata il risultato della nostra incapacità di comprendere le motivazioni sia intellettuali che estetiche che influiscono sullo sviluppo di quest'arte decorativa. Sembra però appropriato applicare a quest'arte il termine che il Rinascimento italiano ha inventato per i suoi successori molto più tardi considerati in occidente come un fenomeno originale: gli arabeschi. Però, invece di comprendere gli arabeschi come una forma, possiamo considerarli come un'idea.

Infine, mentre è appropriato considerare gli arabeschi come una novità dell'antica arte islamica, deve essere notato che non tutte le antiche decorazioni islamiche possono essere considerate influenzate da essi. Altre modalità di decorazione hanno continuato ad essere impiegate per molti secoli. La robusta decorazione in pietra della cupola di Kairouan del IX secolo, i lavori in legno della moschea di al-Aqsa a Gerusalemme, un antico *mihrab* in Iraq, molte ceramiche iraniane dell'est -tutti monumenti di considerevole merito estetico e di notevole perizia tecnica- non mostrano, se non per qualche dettaglio occasionale, l'impatto dell'arabesco. I motivi tendono ad essere delle unità finite ed individuali: simmetria, geometria, luce ed ombra giocano un ruolo nell'elaborazione dei disegni ma in modo molto più sottile. La maggior parte di questi monumenti possono essere spiegati regionalmente; in essi le tradizioni locali sostituiscono nuove creazioni e sono meno affette da nuove attitudini.

Le antiche decorazioni islamiche, quando sono viste nella loro totalità, appaiono quindi come una simbiosi inusuale di una serie di forme continue, per la maggior parte identificabili localmente, con una nuova idea pan-islamica che potrebbe essere loro applicata. O, invece della simbiosi, possiamo parlare di una tensione tra una varietà di tendenze formali, alcune antiche e locali, ed altre più nuove ed ampiamente islamiche. Questa tensione non aveva ancora creato uno stile sia a livello locale che a quello del mondo musulmano nella sua totalità. Ciò che era stato raggiunto era una modificazione unica dell'apparenza esteriore di almeno ogni opera d'arte islamica. Perché, senza considerare le differenze tra monumenti individuali o qualsivoglia causa di ordine storico o culturale possa essere avanzata, la creazione di un nuova struttura sintattica ha preceduto quella di molti termini. Se valida, l'ipotesi di un mutamento sintattico, che appare prima di uno morfemico e che eventualmente influenza quest'ultimo, può essere interessante anche per altri fenomeni artistici storicamente rilevanti.

I manoscritti illuminati del Cairo

Stanley Lane Poole

Tra le arti minori islamiche nessuna è più caratteristica ed individuale di quella dei manoscritti illuminati. La calligrafia, che si esprimeva nel *Naskhy* o corsivo, era un'arte tenuta in grande onore ed i nomi di grandi calligrafi, quali Ibn Mukla e Yakut Er-Rumy, divennero famosi quanto i poeti e gli storici, che diedero loro il materiale su cui esercitare la propria perizia. La maggior parte dei libri ordinari, quali dizionari ed annali, erano trascritti in elegante carattere *Naskhy* in grassetto e successivamente il manoscritto veniva illuminato attraverso fregi e decorazioni.

La migliore decorazione però era riservata quasi unicamente al Libro Sacro; i manoscritti ordinari, infatti, erano spesso scritti con grafia elegante, ma i fregi ed i medaglioni ai margini delle pagine, che costituiscono le decorazioni principali dei manoscritti arabi, erano riservati alle copie del Sacro Corano. Se si osservano i fogli del Corano del XIII secolo conservato nel *British Museum* (Orient. 1009), si comprende quale infinita cura, quale elaborazione di pochi elementi decorativi a disposizione, quale capacità nella sistemazione ed applicazione di oro e colori, mostrarono gli artisti musulmani quando si applicarono alla decorazione del Libro Sacro. Le prime e le ultime due pagine sono solitamente quelle cui vengono applicate le maggiori decorazioni, che formano un ricco pannello somigliante ad un magnifico tappeto. Un ornamento centrale di disegno geometrico o arabesco con l'iscrizione "che lo tocchino solo coloro che si sono purificati" è circondato da tre bordi composti a loro volta da: 1-Un motivo chiave simile a quelli che possono essere osservati nei metalli lavorati di Mosul su uno sfondo color oro, 2-Fiori di diversi colori in campo blu, 3-Un disegno ad arabeschi a mano libera. Nelle più costose edizioni del Corano vi sono circa quattro o cinque pagine completamente decorate, due o tre poste rispettivamente all'inizio e alla fine del volume. Le altre pagine hanno meno ornamenti: solo i titoli delle pagine sono incorniciati in oro e colori, con arabeschi e bordi geometrici, ed i margini esterni delle pagine sono arricchiti con numerosi medaglioni riempiti con arabeschi ed altri disegni.

Negli esempi citati questi medaglioni sono numerosi e vari. Ve ne sono tre su ogni pagina ed i loro disegni, un bordo floreale che circonda una rosa d'oro, presentano ogni mutamento e contrasto possibile da realizzare per l'artista. I colori sono prevalentemente rosso carminio, blu scuro, nero ed oro, anche se qualche volta compare il verde ed il giallo. La scritta in grassetto, chiamata *Thuluth* o "Triplice *Nakshy*", è illuminata da rosette d'oro e altre decorazioni per indicare la punteggiatura ed altre regole per coloro che recitano il Corano. Il carattere dei fiori e degli arabeschi e la scarsità di decorazioni puramente geometriche ci inducono a ritenere che questo meraviglioso manoscritto sia stato illuminato a Damasco, anche se potrebbe essere stato anche opera di artisti del Cairo che hanno studiato in Siria.

Un'altra splendida copia del Corano conservata nel *British Museum* (Add. 22,406) reca le iscrizioni che dimostrano che è stato copiata per Beybars Gashenkir negli anni 704-705, o 1304-1305 d.C. quando era ancora Ustaddar, o maggiordomo del Sultano En-Nasir ibn Kalaun, e non era ancora asceso al trono. Venne senza dubbio preparato per il suo *Khangah*, o moschea, che venne completata nel 706 ed è ancora visibile. Questo magnifico manoscritto è in sette volumi ed è scritto dall'inizio alla fine in lettere dorate su di uno sfondo che assomiglia al motivo chiave dei primi metalli lavorati. Le prime due pagine sono, come al solito, pienamente illuminate e coperte di magnifici arabeschi in oro su di uno sfondo rosso e blu, con l'iscrizione "Che venga toccato solo da chi si è purificato" in bianco. Le successive due pagine sono incorniciate da bordi intrecciati, mentre la rimanente parte del volume, eccetto che per quel che concerne l'ultima pagina, riporta solo i medaglioni per segnare la divisione del testo, e le rosette e spire rosse, blu ed oro, che sono inserite nel testo come punteggiatura ed accento. I medaglioni al margine sono meno frequenti rispetto al manoscritto del Corano precedentemente descritto, ed i disegni sono piuttosto ripetitivi. Nell'ultima pagina, all'interno di una cornice d'oro con bordi intrecciati, vi è l'iscrizione: "La scrittura di questa settima parte e delle sue sorelle è stata ordinata da sua eccellenza, il generoso, l'eccelso, il grande principe, il signore, Rukn-ed-din, il major domo altissimo, che Dio accresca i suoi trionfi; e Muhammmad ibn El-Walid lo ha scritto". Nei medaglioni posti al margine della medesima pagina vi sono le parole: "Muhammad ibn Mubadir lo ha dorato, che Dio lo perdoni!".

Un altro dei sette volumi si apre con magnifici pannelli geometrici pieni di arabeschi all'interno di un bordo; le pagine sono letteralmente piene d'oro. Alla fine vi è un'iscrizione simile a quella già tradotta, cui però è aggiunto: "Ed egli ha completato l'intera opera nell'anno 705". Una porzione dei margini di un altro volume riporta il nome di Sandal come doratore, e nella settima parte è inclusa anche la seguente informazione: "Venne "incrostato" da Aydaghdy ibn Abd-Allah el-Bedry", anche se non è ben chiaro che cosa s'intenda con questo termine. La parola è utilizzata frequentemente per indicare la stesura su di un manoscritto di inchiostro ed oro, ma l'utilizzo precedente di *katib dhahab* per indicare questi due processi sembra suggerire un intervento differente da parte di Aydaghdy. Il

Dottor Rieu pensa che si possa riferire al delicato motivo dei caratteri, che però potrebbe essere meglio indicato con il termine *kitabiha*. Forse con questo termine (*zmk*) s'intende la stesura dei colori intesa come distinta dalla doratura. Si deve comunque notare che in questo esempio i colori dei medaglioni sono dipinti sopra l'oro, il che conferisce loro una particolare brillantezza.

Una terza copia del Corano conservato nel *British Museum* (Orient. 1401) appartiene ad un'epoca più tarda -probabilmente alla fine del XV e all'inizio del XVI secolo-e la decorazione è di molto inferiore rispetto a quella presente nei manoscritti precedentemente descritti. Le rosette ed i medaglioni sono di numero minore e la decorazione eccessivamente intricata ricorda quella di al-Hambra. I frontespizi delle pagine sono buoni, ma la loro esecuzione è rozza; le pagine piene all'inizio e alla fine presentano dei raffinati arabeschi, che però non possono essere paragonati a quelli dei manoscritti precedenti. Anche in questo caso i colori sono stesi sull'oro.

Nel *South Kensington Museum* sono conservate le prime pagine di una meravigliosa copia del Corano risalente al XIV secolo. Contengono la prima sura e l'inizio della seconda in lettere dorate su di uno sfondo ombreggiato da linee rosse e coperto con pergamene in due tonalità di blu; il bordo è decorato con arabeschi color oro su di uno sfondo blu, con un fiore di colore rosso posto qua e là come ornamento. Nel medesimo museo sono conservate un paio di raffinate copertine di pelle che costituiscono la rilegatura del Corano. Una di queste è coperta da una lavorazione in oro e ha un bordo contenente i 99 nomi di Dio; l'altro invece è lavorato con un disegno floreale con un ovale al centro. Questi sono esemplari delle rilegature dei libri tipiche degli artigiani musulmani e risalgono molto probabilmente al XIV ed al XV secolo.

Il Corano meglio miniato al mondo, comunque, è ancora conservato al Cairo, presso la biblioteca Khedive, che lo ha tratto dalla moschea principale in cui veniva conservato. Come le lampade di vetro, questi preziosi manoscritti non erano più al sicuro in custodia dei guardiani della moschea; i collezionisti erano divenuti pericolosi per i tesori custoditi nelle moschee e gli esemplari delle splendide *mushaf*, o copie del Corano, ora conservate presso Darb-el-Gemamiz, vennero prudentemente messe in salvo in tempo. Il più antico di essi si dice risalga al secondo secolo dell'Hijrah, anche se la tradizione sembra tuttavia apocrifa. I migliori esempi, dal punto di vista dell'illuminazione, appartengono al periodo dei sultani mamelucchi, così come molte opere d'arte presenti in Egitto.

Spitta Bey, il bibliotecario della Khedive, descrive le copie del testo sacro conservate nella biblioteca nel modo seguente: il primo è un Corano del

Sultan Muhammad En-Nasir ibn Kalaun (1293-1341), che misura 53x35 cm, ricopiato da Ahmad Yusuf, un turco, nel 730 a.H. È scritto interamente in caratteri dorati così come un altro esemplare piuttosto simile, che appartiene alla medesima collezione. Molte altre copie del Corano datano dal regno del Sultan Sha'ban (a.D. 1363-77), nipote del precedentemente menzionato, alla cui moschea erano dedicate. Il primo di queste, risalente al 769 e misurante 68x48 cm, non riporta i titoli scritti nel normale carattere cufico e la *Basmalah* all'inizio delle sure è in oro. Della medesima data e della medesima grandezza è il Corano di Khawend Baraka, madre di Sha'ban. Le prime due pagine sono scritte in caratteri dorati e colorati, con la prevalenza del colore blu, e sono illuminate da stelle ed arabeschi; le altre due sono in oro ed abbellite con arabeschi, mentre l'intero testo è scritto con una calligrafia eccellente ed in grassetto. Un' altra copia del Sultan Sha'ban, che risale al 770, della stessa ampiezza, ma di lunghezza un pochino superiore, nelle prime pagine contiene alcuni esempi di grande abilità e perizia artistica. Il testo è più ampio del precedente ed il libro è rilegato in due volumi. Un'altra copia ancora più ampia, che risale al medesimo anno, misura 81x35 cm. Queste ultime copie erano destinate alla scuola situata nel *Khutt et-Tabbaneh* (strada dei venditori di paglia), fondata da Baraka, la madre del sultano. Infine possiamo menzionare un altro esemplare risalente al 778 (1377), fatto copiare per ordine del principe Aly ibn Mohammad El-Mukettib e dorato da Ibrahim El-Amidy. Questa copia misura 70x50 cm e al di sopra di ciascuna sura viene indicato sia il numero di parole che il numero di lettere contenute. Tutte queste *masahif* sono scritte su carta spessa e dura e competono in magnificenza le une con le altre. I disegni comunque non esibiscono una grande varietà, ma sono stati eseguiti con grande cura. Il testo di queste copie del Corano riporta delle lettere scritte in caratteri rossi su determinati passaggi per indicare se il tono di colui che recita debba essere alzato, abbassato o prolungato.

La collezione contiene anche tre copie del testo sacro risalenti al regno del sultano Barkuk (1382-99), il più antico dei quali misura 104x81 cm. Venne copiato per ordine di Muhammad ibn Muhammad, soprannominato Ibn el-Butut, da Abderrahman Es-Saigh in due mesi e ricontrollato da Muhammad ibn Ahmad ibn Aly, soprannominato El-Kufty. Una seconda copia, risalente al regno del medesimo Sultano e di grandezza simile, riporta la prima e ultima pagina restaurate secondo lo stile delle altre copie, anche se l'abilità artistica è inferiore a quella degli antichi. Un Corano più piccolo, risalente all'anno 801, e misurante 58 x 48 cm, è scritto interamente in caratteri dorati. Al sultano Farag (1399-1412), il figlio di Barkuk, una volta apparteneva una copia del Corano risalente all'814 a.H. e condotta alla biblioteca dalla moschea El-Muayyad. Questa copia misura 93 x 73 cm e venne copiata da Abderrahman Es-Saigh, lo stesso abile copista che era stato impiegato precedentemente da Barkuk, a sua volta autore di un pamphlet intitolato *Sana-at el-Kitaba* (L'arte della scrittura) ed ora conservato in questa biblioteca. Una copia rifinita poi risale al 810, misura 96 x 68 cm, ed è stata copiata da Musa ibn Ismail el-Kinani, soprannominato Gaginy, per il Sultano El-Muayyad (1412-21).

Una copia, che una volta era appartenuta alla moschea di Kait-Bey, risalente all'anno 909 o un secolo dopo, e che purtroppo si trova in pessime condizioni di conservazione, è la più ampia della collezione, in quanto misura 111 x 88 cm. Al periodo dei sultani ottomani risale la piccola *mushaf* di Safiya, madre del Sultan Mohammad Khan, che ordinò 52 copie a Muhammad ibn Ahmad El-Khalil Et-Tebrizy. Risale dal 988 e misura 35 x 23 cm. In questa copia, così come in un'altra, una linea nera si alterna ad una dorata e le prime due pagine sono decorate con molta perizia. Una copia di Huseyn-Bey Khemashurgy, che misura 35 x 40 cm, è scritta invece in caratteri più piccoli.

Nell'illuminazione, così come in altri ambiti della decorazione, il carattere peculiare delle decorazioni islamiche è espresso con molta chiarezza. L'effetto è quello di un ricco ricamo di broccato dorato; in altre parole l'illuminazione, come il mosaico, l'intonaco, il legno e l'avorio mostra e riproduce i motivi degli arazzi dell'arte islamica. Nel *liwan* di una moschea, nel *ka'a* di una casa, nel complicato pannello di un pulpito o di un soffitto e nella cesellatura degli utensili d'argento, è sempre visibile il medesimo effetto simile ad un tappeto.

I tessuti

Stanley Lane Poole

L'Oriente è la casa di ogni abbigliamento sontuoso e tra le arti islamiche la manifattura di tessuti occupa un posto prominente. Gli stessi nomi, che sono ancora utilizzati per alcuni tipi di seta ed altri materiali, richiamano un'origine orientale. Il *saracenet* è il *saracenatum*, la mussola è chiamata così dal tessuto *mosil*, il *tabby* è un tessuto lavato o a strisce, che prende il nome da una strada di Baghdad, Attaby o Uttaby; i baldacchini di seta chiamati *baudekin* o baldacchini erano chiamati così da Baldac, il nome con cui in Occidente veniva chiamata la città di Baghdad; il cremisi deriva dalla tinta tratta dall'insetto Kermis; il termine tedesco per *satin*, Atlas, indica la liscia seta della Siria e dell'Armenia, il samite deriva da *Shamy*, un tessuto siriano, la parola genovese mezzare e la spagnola *almaizar* derivano da un abito arabo chiamato *mizar*, e la *jupe, jupon* e *giuppa* sono i discendenti francesi ed italiani del termine *gubba*, che i gentiluomini egizi ancora indossano. I sovrani europei, che decisero di indossare degli abiti di colore rosso e di lino, s'ispirarono naturalmente a quelli indossati dai principi orientali. I sarti italiani trassero molti dei loro materiali ed idee dai superbi modelli importati dai mercanti da Damasco, Cairo e Baghdad e la Sicilia divenne un famoso centro di ricche fabbriche tessili sotto i musulmani ed i loro successori, i re normanni. Ma'din, in Armenia, produceva un meraviglioso tipo di satin, Baghdad era famosa per la sua seta *tabby*, Ba'lbekk produceva un fine cotone bianco, mentre Tyre eccelleva nella produzione di tappeti, mentre Rum o Anatolia era celebrata per la sua seta ed il suo satin, che viene nominato anche nelle *Mille ed una notte*, mentre la lana proveniva da Malatia ed Angora.

Anche se l'Egitto non era per nulla arretrato nell'ambito della produzione dei tessuti, il Cairo ed Alessandria importavano molti prodotti europei e tessuti da Venezia, mentre il lino e le sete dalla Sicilia. Avevano però anche i loro telai ed i loro prodotti erano famosi per l'eccellente qualità. In Alessandria si produceva una seta speciale ed il Cairo era famoso per una seta gialla, che era così delicata e raffinata che il tessuto poteva passare con facilità attraverso un anello. Alcune delle cittadine più piccole d'Egitto erano specializzate nella lavorazione dei tessuti. Ibn Battuta si unisce ad altre autorità orientali nel lodare i tessuti di lana bianca di Behnesa, mentre Debik era famoso per le sue sete. Nasir-i-Khusrau scrisse: "Ad Asyut producono un tessuto di lana per i turbanti che non ha eguali in tutto il mondo. Le più fini lane della Persia, chiamate *Misry*, provengono tutte dall'Alto Egitto, dal momento che non tessono la lana a Misr (Fustat). Ho visto a Asyut una fusciacca, come non ve ne sono di eguali a Lahor o Multan-che poteva essere facilmente scambiato per seta".

Tinnis era rinomata per tutto l'Oriente per il suo fine cambrì (*hasab*) utilizzato per i turbanti. Il bianco *hasab* era prodotto a Damietta, e per questo motivo veniva chiamato *dimity*, anche se quello di Tinnis era tessuto in tutti i colori dai tessitori copti ed era preferito. Nasir-i-Khusrau racconta che la produzione (*tiraz*) della fabbrica reale a Tinnis era riservata solo ed esclusivamente ai sovrani d'Egitto e non poteva essere né venduta né data a nessun altro. Egli aggiunge: "Un re di Fars offrì 20,000 pezzi d'oro per un completo fatto di tessuto di Tinnis alla fabbrica reale ma, dopo aver cercato per molti anni di ottenerlo, il suo agente fu costretto ad abbandonare il tentativo. Un turbante reale di questo tessuto costava 500 pezzi d'oro". A Tinnis era prodotto anche il meraviglioso tessuto iridescente chiamato *Bukalamun*- nome derivato probabilmente da Abu-Kalamun, il camaleonte- secondo l'intuizione del Colonnello Yule- in quanto si dice cambiasse colore alle differenti ore del giorno ed era utilizzato per coprire le selle e le carrozze reali. A Beny Suweyf era prodotto invece un eccellente tipo di lino, chiamato alessandrino che veniva esportato anche in Europa.

Tutti questi manufatti erano molto richiesti durante i secoli dello splendore degli indipendenti sultani d'Egitto. I califfi Fatimidi amavano la pompa molto più degli altri reali orientali e molte testimonianze delle loro vesti suntuose, delle loro sete e delle preziose perle ci sono state conservate. Vi è un esemplare, che porta il nome del fatimide al-Hakim ed è conservato a Notre-Dame de Paris, che mostra la ricchezza del materiale e lo splendore dei colori. El-Makrizy ed altri storici spesso riportano la descrizione di meravigliosi tessuti in cui "l'anima del mio signore si delizia".

Alcuni di essi, come gli innumerevoli vestiti di Abda, la figlia del califfo El-Mu'izz, erano di manifattura siciliana, ma altri invece venivano dalla Persia, dall'Anatolia oppure erano prodotti nello stesso Egitto. Leggiamo di quantità di sete trapuntate in oro e ricamate con ritratti di re ed il racconto delle loro imprese; di uno scampolo di seta fatto a Tustar, in Persia, per ordine del califfo El-Mu'izz nel 964, che rappresentata in oro e colori su di uno sfondo blu una sorta di mappa dei vari paesi del mondo con città, fiumi, strade e montagne con i loro nomi bordati in oro e non ci si sorprende che il costo di una tale opera ammontasse a 22,000 dinar d'oro.

Tra gli oggetti descritti nel celebrato inventario dei tesori del califfo Fatimide El-Mustansir, cui fa riferimento anche l'esempio precedente, vi erano diverse magnificenti tende fatte di tessuto di oro, velluto, satin, damasco e seta, alcune semplici, altre con rappresentazioni di uomini, elefanti, leoni, orsi e pavoni e bordati con velluto o satin, seta dalla Cina, Tustar o Rum e trapuntati con fine oro. Un ampio padiglione di questo tipo venne fatto per il Vizir Yazury; il palo, che misurava 2972 x 274 cm, era un regalo dell'Imperatore greco, mentre la copertura era ricamata con figure di animali e simili e si dice che la sua produzione tenne impegnate 150 persone per nove anni al costo di 30,000 dinar. Un'altra tenda di questo tipo, fatta ad Aleppo, era supportata dall'albero maestro di un galeone veneziano e richiese 70 cammelli per essere trasportato nel luogo in cui venne piantato.

Questo tipo di tende venivano spesso prodotte a Behnesa così come molti altri oggetti reali, ricami ed ampi tappeti, che erano lunghi circa 14 metri e valevano 10,000 grani d'oro. I tessitori principali e ricamatori di questi tessuti magnificenti erano copti e alla loro influenza può essere ricondotta l'introduzione di figure di animali e di ritratti di principi ed eroi, che si poneva contro gli insegnamenti islamici ma era in linea con la tradizione artigiana copta.

Nasir-i-Khusrau, che viaggiò in Egitto durante il regno di El-Mustansir, ci descrive la magnificenza della corte fatimide nel XI secolo che, provenendo da un testimone oculare, è più preziosa di quanto ci è stato tramandato da El-Makrizy. Nasir descrive la tenda del califfo come fatta di satin di Rum, coperta da ricami d'oro e di pietre preziose. L'arredamento all'interno era fatto dello stesso materiale ed il padiglione era così ampio da poter accogliere nello stesso tempo cento cavalieri. Il passaggio di entrata era coperto con il tessuto camaleontico di Tinnis. La scorta del califfo composta da 10,000 cavalieri vantava copri-sella di satin e tessuto camaleontico e anche gli ornamenti dei cammelli e degli asini erano placcati d'oro e pietre preziose. Al taglio del Canale, un'impressionante cerimonia al Cairo, il califfo appariva in una veste bianca del costo di 10,000 dinar, un turbante anch'esso bianco ed un frustino di grande valore. Trecento attendenti lo precedevano, vestiti in broccato da Rum, e portavano picche e asce con bracciali sulle impugnature, mentre solo l'abito di colui che portava il parasole del califfo costava 10,000 dinars.

Il valore e la descrizione dell'intero quadro probabilmente è da considerarsi esagerata, ma testimonia l'ammirazione per lo splendore di cui Nasir-i-Khusaru, un competente viaggiatore, fu testimone al Cairo presso la Corte dei Fatimidi.

Sebbene appartenga ad un periodo più tardo, il disegno nella Fig. 1 può essere utile per avere un'idea del tipo di tessuto prodotto a Rum. È riprodotto da un disegno che mi è stato gentilmente prestato da Mister Giraud, il responsabile del Museo archeologico di Lione. Proprio come la cappa di St. Mexme, conservata nella chiesa di San Etienne a Chinon, questo abito di seta di Lyons venne trasformato in un paramento sacro, una casula. Riportiamo di seguito la descrizione di M. Pariset di questo esemplare notevole che, sebbene non costituisca di per se stesso una manifattura egizia, tuttavia può essere considerato un esempio del tipo di seta che veniva tessuta dai musulmani nella prima metà del XIII secolo.

"Il tessuto è di seta cremisi diviso in due parti, il primo disposto su strisce costituisce il semplice sfondo, mentre l'altro forma il motivo. Anche la trama è fatta di seta rossa, di una nuance delicata e perfettamente conservata prodotta con la cocciniglia o il kermis. Il tessuto appartiene alla tipologia chiamata *holosericum*, in quanto è composto interamente di seta. Il presente esemplare, comunque, è arricchito da una seconda trama d'oro, che si alterna a quello di seta e, attraversando l'intera larghezza del materiale, contribuisce alla formazione del disegno, mentre la trama di seta costituisce lo sfondo rosso. Questo tipo di materiale nel periodo medievale era conosciuto con il nome di *chrysoclavum fundatum* ed era molto apprezzato. Il filo d'oro consiste di un cuore di seta coperto da una carta dorata. Il filo ricavato dall'oro non era utilizzato nei tempi antichi e la foglia d'oro era la forma del materiale comunemente utilizzata nel ricamo. I cinesi inventarono il processo di stendere sottili foglie d'oro sulla carta per poi arrotolarla intorno ad un filo di seta e gli arabi, che mantennero sempre delle strette relazioni commerciali con i cinesi, impararono questo processo e lo impiegarono in modo regolare dal X al XIV secolo. Una resistenza maggiore venne acquisita quando, invece della carta, venne utilizzata sottile pelle di giovenca o di altro tipo. Sebbene il fine della carta d'oro sia quella di economizzare il metallo prezioso, l'oro utilizzato in questo esemplare è comunque estremamente puro e ricco. La sistemazione della trama costituisce una prova dell'origine orientale, ed il disegno conferma questa conclusione. Per quanto sia piuttosto semplice -un paio di leoni o di grifoni disposti in modo speculare all'interno di un medaglione decorato con dei fiori- è caratteristico dell'Oriente. È possibile osservare disegni molto simili nelle opere in metallo e negli intarsi del XIII secolo.

Indubbiamente il tipo di disegno riprodotto risale ad un' epoca precedente all'avvento dell'Islam, probabilmente alla produzioni degli antichi artisti della Persia e della Mesopotamia. In Quintus Curtius leggiamo che le vesti indossate dai satrapi persiani erano decorate con immagini speculari di uccelli: "Aurei accipitres veluti rostri in se irruerent pallam adornabant". Plautus menziona inoltre i tappeti alessandrini decorati con animali con le parole seguenti: "Alexandrina belluata conchyliata tapetia". C'è comunque una ragione per ritenere che questo tipo di disegno abbia origine nell'antica Persia e che sia stato preso in prestito da coloro che lavoravano i metalli, anche se era piuttosto conveniente per i ricamatori. La ripetizione simmetrica della figura dell'animale o dell'uccello, una volta rivoltati, risparmiavano nello stesso tempo sia la fatica che l'elaborazione della trama. Gli antichi ricamatori, che non avevano a disposizione alcun mezzo meccanico, erano obbligati a lavorare il tessuto sopra e sotto per mezzo di stringhe, e più il disegno era complesso più numerose divenivano le stringhe e di conseguenza più complicata la trama. Quindi, poter riprodurre il medesimo motivo a rovescio risparmiava parecchia fatica e poteva essere fissato molto semplicemente su di una trama costruita per lavorare a dritto e rovescio. Esempi di simili ripetizioni di motivi, specialmente di animali all'interno di medaglioni, è comune nelle opere sia bizantine che sasanidi ed i musulmani hanno quindi seguito questi modelli. Il pezzo di seta esaminato riporta poi parte di un'iscrizione araba che recita: "Ala-ed-din Abu-l-Feth KayKubad, figlio di Kay Khursau, testimone al principe dei credenti".

Questo Kay-Kutabd era un sultano selgiuchide, che regnò ad Iconio tra il 1214 al 1239 d.C., e la presenza di questo nome sul tessuto dimostra che si trattava di una *tiraz* fatta presso una speciale fabbrica reale riservata, come quella a Tinnis, per l'utilizzo esclusivo di un particolare sovrano. Questa fabbrica si trovava indubbiamente in Rum, forse nella stessa capitale Koniya (Iconium) oppure in qualche altra città più grande. Marco Polo testimonia: "Nella terra dei turchi vengono tessuti i più fini e bei tappeti del mondo, ed anche una grande quantità di seta fine e ricca color cremisi e di altre tinte e molte altre cose. Le loro città principali sono Conia, Savasta (Sivas) e Casaria (Kaysariya)". Quindi possiamo dedurre che questa fosse la seta di Rum, di cui leggiamo spesso nei resoconti delle cerimonie di Stato e nel conferimento delle vesti d'onore.

Un parallelo interessante della fabbrica reale della seta, o Dar-et-tiraz, di Kay-Kubad, e di quella dei califfi fatimidi a Tinnis, è costituito da un'istituzione simile a Palermo, che deve la sua fondazione ai principi Kelby che governarono la Sicilia come vassalli dei Fatimidi nel IX e X secolo, sebbene abbia mantenuto il suo carattere ed eccellenza anche sotto i re normanni.

La fabbrica si trovava nel palazzo ed i tessitori erano musulmani, come si può evincere da una semplice occhiata al famoso scampolo di seta conservato a Vienna e chiamato il "Mantello di Norimberga", dove una lunga scritta araba testimonia che il tessuto venne fatto su commissione del Re Ruggero nell'anno 528 dell'Hijra o 1133 d.C. E, proprio come l'esemplare di seta precedentemente descritto, è un esempio classico dell'arte tessile dell'Anatolia nel XIII secolo, mentre la seta di Notre Dame di quello fatimide dell'inizio del XI secolo. Il mantello di Norimberga invece costituisce una tipica opera siculo-araba del XII secolo.

Dei trenta esempi di tessuti "musulmani" descritti nell'opera di Fishbach intitolata *The Ornament of Textile Fabrics*, la maggioranza sono siciliani e, sebbene risalgano prevalentemente al XII e XIII secolo e siano stati tessuti per la maggior parte da artigiani che non conoscevano l'arabo, i disegni appartengono alla tradizione artistica musulmana.

La descrizione della *chasuble* di seta di Rum ci ha condotto piuttosto vicino all'epoca dei Mamelucchi, che si mostrarono entusiasti patroni dell'arte tessile non meno dei Fatimidi. Alcuni dei sultani mamelucchi erano soliti indossare vesti piuttosto semplici, anche se lo stesso non può essere detto dei cortigiani e degli altri principi. L'*amir* Salar, al tempo di En-Nasir, divenne famoso per aver introdotto un nuovo stile di abito in bianco lino Ba'lbekk, che qualche volta era decorato anche con pietre preziose. Ad un nobile mamelucco della corte di Baybars era concesso di indossare due cappelli di broccato d'oro al mese, ognuno del valore di 50 dinars ed un turbante di 40; e lo stesso Baybars, sebbene preferisse vestire semplicemente di seta nera senza oro o gioielli, emendò la sua semplicità attraverso la ricchezza della sua suite e della sua moschea portatile fatta interamente di materiale tessuto, che era attaccata alla sua tenda. Un padiglione di satin rosso, con corde di seta e picchetti di legno di sandalo rinforzato da strisce di argento, costituiva l'ideale di eleganza mamelucca.

La seta era una vera e propria passione per i mamelucchi; coprivano le loro corazze con la seta, custodivano i loro beni nella seta, avvolgevano le loro lettere in buste di seta, la sventolavano in aria con le bandiere, la calpestavano sotto i piedi come tappeti, l'attaccavano lungo la strada e sui negozi nei giorni di festa; la indossavano sul loro capo e sui loro corpi. Ogni cosa era fatta di broccato di seta.

Oltre alle vesti reali, i tessuti migliori erano utilizzati per la manifattura delle vesti d'onore (*Khil'as*), che i principi musulmani donavano a coloro che erano riusciti a conquistare la loro approvazione regale. Un ambasciatore, un favorito di corte, qualcuno che recava delle buone nuove, un ufficiale appena nominato o un servitore che aveva fatto qualcosa che aveva recato piacere al suo signore veniva onorato con una veste profumata di ambra e muschio. Relativamente a questi abiti vigeva una precisa etichetta, in quanto il vestito doveva essere adeguato al rango della persona, cui veniva donato. El-Makrizy distingue infatti tra la *Khil'as* donata a coloro che si erano distinti con la spada da coloro che invece lo avevano fatto con la penna. Per quanto riguarda la prima categoria, ai capitani veniva riservato il tessuto più fine: satin rosso di Rum bordato con satin giallo, mentre la veste esterna era ricamata d'oro e decorata con pelliccia di castoro. Un piccolo cappello di broccato d'oro era indossato al di sotto del turbante, la cui fine mussola era adornata con seta ricamata, mentre le estremità erano costituite da strisce di seta bianca che riportavano i titoli del Sultano. Uno scialle, arricchito con rubini, smeraldi e perle, una spada intarsiata d'oro, un cavallo e finimenti in oro dalle stalle reali completavano l'equipaggiamento di qualcuno che si distingueva per gli abiti d'onore del primo rango. Il principe di Hamah, secondo El-Makrizy, ricevette un abito di questo tipo con l'unica differenza che, invece che di mussola, il turbante o *shash* era di seta ricamata d'oro ed era stato confezionato ad Alessandria.

Personaggi appartenenti alla nobiltà minore ricevevano una *Khil'as* di un tipo di seta chiamata per i suoi disegni *tardwahsh*, ossia "cacciatori", che era prodotta ad Alessandria, Cairo e Damasco. L'abito era invece composto da strisce di differenti colori mescolati con cambrì d'oro ricamati ed un bordo del medesimo tessuto. Un cappello d'oro, uno scialle ed un turbante completavano questo tipo di abito. Man mano che il rango della persona, cui veniva donato, diminuiva, l'abito diveniva di conseguenza più semplice. Vizir e letterati ricevevano vesti di *kangy* bianco o tessuti di *Kanga*, decorati con pelliccia. La sottoveste era di *kangy* verde ed il turbante di *dimity* o di lino di Damietta ricamato. Giudici ed intellettuali solitamente ricevevano vesti d'onore fatte di lana senza bordature: bianche fuori e verdi dentro.

Il numero di esemplari di tessuti medievali fatti dai musulmani, che sono giunti fino a noi, è sfortunatamente molto esiguo. Naturalmente la seta è molto più soggetta alla distruzione del metallo o della pietra. La serie di litografie di Fischbach intitolate *Ornament of Textile Fabric* sono da considerarsi molto raramente opera dei musulmani. Molti furono fatti probabilmente dai *Sarrasinas*, o da coloro che imitavano lo stile musulmano, in Palermo, Lucca ed altri paesi, dove i padroni delle botteghe spesso chiamavano tessitori bizantini, greci ed orientali per insegnare ai loro artigiani. L'impiego delle iscrizioni arabe e lo sviluppo europeo dell'arte islamica rimandano ai copisti, che erano senza dubbio i successori degli artisti musulmani oppure intrattenevano dei rapporti con i centri di produzione in Oriente.

Fig. 1: Tessuto in seta di Rum, XII secolo, Museo archeologico di Lione, Francia.

La ceramica del Cairo

Stanley Lane Poole

L'unica ceramica prodotta in Egitto in epoca contemporanea è costituita da una tipologia opaca e porosa lavorata prevalentemente a Ballasa, Kine e Semenhud, utilizzata per le bottiglie di terracotta e gli utensili da cucina, e quella piuttosto rozza ma smaltata che viene prodotta ad Asyut, con la quale vengono realizzate tazzine da caffè, decorazioni e pipe. Entrambe sono fatte di terracotta rossa (o qualche volta nera), e sono forgiate su ruote tradizionali. La decorazione, qualora ve ne sia qualcuna, è piuttosto ordinaria, anche se le forme sono generalmente semplici e graziose.

In epoca contemporanea in Egitto non viene prodotta più la ceramica raffinata con decorazioni floreali e smalti al silicio come quella che era lavorata a Damasco e a Rodi. Gli studiosi ritengono che le stesse mattonelle che decorano le moschee e le case del Cairo non siano state prodotte in Egitto, bensì siano state importate da Damasco e dalla Persia. Il fatto stesso che nessun tipo di ceramica raffinata sia ora prodotto in Egitto però non costituisce una prova che un artigianato di questo tipo sia stato del tutto assente in passato. Qualora si cammini tra le montagne di scarti nella Vecchia Cairo (Fustat), dopo che il vento impetuoso ha smosso la sabbia, si possono raccogliere molti frammenti di una grande varietà di ceramiche smaltate, chiaramente vestigia del passato. Che questi frammenti rappresentino delle ceramiche prodotte a Fustat è dimostrato dal fatto che i tripodi di argilla, su cui venivano poste durante la cottura, sono stati ritrovati insieme a loro. È probabile che questi tripodi vennero costruiti prima che Fustat venne quasi completamente distrutta da un incendio nel 1168, in quanto non sono stati rinvenuti esemplari simili tra le terrecotte prodotte al Cairo in epoca successiva. Molti di questi frammenti presentano inoltre un lucido di rame o d'oro; altre sono decorate con pennellate di rosso e bianco e la maggior parte presenta dei disegni piuttosto rozzi di colore nero su un campo turchese o verde-blu, che assomiglia alle antiche suppellettili nere e blu prodotte in Siria.

Fortunatamente ci sono alcuni riferimenti alla ceramica egiziana nelle opere degli storici e dei viaggiatori orientali. Il più importante è costituito dalla testimonianza di Nasir-i-Khusrau, che ha visitato l'Egitto nella metà dell'XI secolo d.C. Costui scrisse: "In Misr (Fustat) vengono prodotti tutti i tipi di ceramica, che è così delicata e diafana che è possibile vedere la propria mano attraverso di essa. Vengono prodotte ciotole, coppe, piatti ed altre suppellettili che sono poi decorate con colori, le cui sfumature mutano a seconda della posizione in cui l'utensile viene posto". Questa testimonianza potrebbe riferirsi unicamente al tipo di ceramica iridescente, i cui frammenti sono stati trovati a Fustat. Questi utensili erano dipinti con arabeschi, iscrizioni sfortunatamente prive di data e qualche volta con figure di animali.

Da queste testimonianze possiamo quindi dedurre che nel XI secolo al Cairo o nelle zone limitrofe venisse lavorata una ceramica di notevole eleganza e, conseguentemente, è probabile che le mattonelle presenti nelle decorazioni delle moschee e delle abitazioni siano state prodotte proprio in Egitto e non importate.

Le mattonelle sostituivano i mosaici, che invece erano utilizzati prevalentemente nelle moschee e nei palazzi, anche se solitamente non coprivano mai le parti superiori delle mura. Invece nelle case private e qualche volta persino nelle moschee venivano utilizzate come sostituto più economico le mattonelle smaltate di silicio. Le troviamo solitamente nei dadi dei saloni nelle case più raffinate. Non sappiamo però in che epoca questo tipo di mattonelle cominciarono ad essere utilizzate. Il rivestimento dei minareti della moschea di Muhammad En-Nasir (Fig. 1) nella cittadella del Cairo consiste di mattonelle di colore blu, che risalgono al primo quarto del XIV secolo. Bisogna inoltre notare che gli Egiziani chiamano queste mattonelle *Kashany*, ossia "relative a Kashan", una città persiana, il cui nome si riferisce alla possibile derivazione persiana degli esemplari della Siria e del Cairo.

I frammenti rinvenuti in Fustat, comunque, mostrano solo una lieve somiglianza con quelle di origine persiana e non hanno nemmeno le caratteristiche delle mattonelle prodotte a Damasco ed al Cairo in epoca successiva. Non possiamo quindi provare con certezza che la ceramica persiana sia imparentata con quella prodotta al Cairo, anche se è egualmente possibile che i frammenti di Fustat rappresentino l'origine della ceramica persiana. Comunque, possiamo ragionevolmente ritenere che i Tartari, quando invasero l'Egitto nel XII e XIII secolo, portarono con loro la tendenza di ricoprire le mura di una tomba o di una casa con delle mattonelle, come quelle che avevano avuto modo di osservare in Persia.

Le caratteristiche mattonelle persiane a forma di stella risalgono al XIII secolo e, quindi, potrebbero essere state portate al Cairo dai Mamelucchi ed utilizzate per la decorazione della moschea di En-Nasir (Fig. 2) nel 1318. Le mattonelle del Cairo comunque non sono a forma di stella, non somigliano a quelle persiane prodotte nella medesima epoca né nel colore o nella lavorazione; non sono lucide e non riportano alcuna data o iscrizione. Ciononostante, bisogna ricordare che l'arte della ceramica era praticata con successo in Egitto al tempo dei Faraoni. Eppure, la tendenza ad utilizzare le mattonelle come copertura delle mura potrebbe essere derivata dalle tombe persiane, sebbene il materiale ed il processo di lavorazione fossero da lungo tempo famigliari. I musulmani infatti si sono distinti nell'adattamento di antichi stili e nella ripresa di antiche tecniche. Comunque, non possiamo essere sicuri che le diverse varietà di mattonelle utilizzate sulle mura degli edifici del Cairo siano state prodotte in Editto, in quanto mancano di riferimenti alla data e al luogo di produzione. Alcuni dei motivi decorativi assomigliano moltissimo a quelli prodotti a Damasco e per questo motivo si potrebbe ritenere che siano stati importati dalla Siria. La somiglianza potrebbe però essere spiegata in un altro modo.

Sappiamo che fosse costume dei mamelucchi e di altri principi inviare artisti ed operai in varie città piuttosto distanti, dove pensavano di erigere una grande moschea o un palazzo. Sappiamo che alcuni pittori furono portati al Cairo da Basra e Wasit in Mesopotamia, di artigiani inviati dall'imperatore greco ai califfi di Damasco, di un artigiano del Cairo inviato nel 1287 da Kalaun per incidere con uno scalpello il nome del Sultano su una moschea che era stata costruita da Baraka Khan in Crimea, di un architetto di Tebriz, che costruì i due minareti della moschea di Kusun al Cairo, sul modello del minareto fatto costruire a Tebriza da Khaja Aly Shah, il *vizir* del sovrano mongolo della Persia, Abu Sa'id.

L'abitudine di riunire gli artigiani originari dei diversi centri potrebbe aver avuto un ruolo nella produzione del carattere misto delle mattonelle del Cairo. I ceramisti potrebbero essere stati condotti al Cairo da Damasco, Bursa, Kutahia ed altri centri famosi per la lavorazione della ceramica, per decorare le moschee e le case del Cairo e questo potrebbe giustificare la presenza di molti motivi decorativi che sono propri di Damasco. Qualche volta, senza dubbio, le mattonelle furono importate. Ibn Sa'id ci ha tramandato che gli *aulejos* (una parola derivata in parte dal persiano *lasurd*, *lapis lazuli*) vennero esportati dall'Andalusia. La moschea di Sheyku al Cairo venne decorata con mattonelle moresche, alcune delle quali si trovano correntemente presso il *South Kensington Museum* (St. Maurice Collection). In modo simile, la Lady Chapel di St. Mary Redcliffe (Fig. 3) in Bristol è ricoperta di azulejos, che costituiva il carico di una nave catturata sulla costa.

Comunque, anche se non possiamo decidere con certezza se le mattonelle possano essere attribuite agli artigiani nativi del Cairo, tuttavia possiamo elencare alcuni principi generali sulla base dell'osservazione delle tipologie prevalenti. Si suppone che le mattonelle più sottili provengano dal Cairo, mentre quelle più spesse siano invece originarie di Damasco. La colorazione adottata al Cairo sembra essere prevalentemente blu in due tonalità: blu scuro e turchese, mentre i motivi decorativi sono floreali, anche se molto più semplici di quelli prodotti a Damasco. Nella ceramica del Cairo non sono presenti né il color pulce e nemmeno il color salvia, che invece sono tipici di Damasco. Al Cairo non troviamo dei pannelli ampi come quelli presenti invece in Siria, e le mattonelle singole non sono più larghe di 25,4 cm2. Relativamente alla cottura, le mattonelle del Cairo sono meno piatte e spesso più friabili di quelle di Damasco e le tinte si soprappongono ai margini le une nelle altre.

Alcuni esemplari più fini delle mattonelle del Cairo, o quelle che sono supposte tali, sono illustrate nell' *Art Arabe* di Prisse d'Avenne. Le tavole 119 e 120 mostrano le magnifiche mura di mattoni della moschea di Aqsunqur (Fig. 4) costruita nel 747-8 a.H. (1347). El-Markizy ci racconta che questa moschea venne costruita con della pietra, con un soffitto a volta e venne poi rivestita di marmo. Nel 815 l'Amir Tughan aggiunse una fontana nel mezzo del cortile, che era coperta da un tetto che poggiava su colonne di marmo, che l'Amir prese dalla moschea di El-Khandak, che aveva fatto demolire. Lo storico però non ci dice nulla delle mattonelle e, quindi, dobbiamo ritenere che questo silenzio sia dovuto al fatto che furono inserite quando Ibrahim Agha fece restaurare la moschea nel 1652.

Nessun esempio più splendido dell'utilizzo delle mattonelle su ampie superfici può essere osservato al Cairo. È impossibile farci un'idea di questo magnificente muro interamente coperto di mattonelle decorate con motivi floreali tipici del Cairo.

I *selbils* o le fontane di strada sono spesse volte coperte con meravigliose mattonelle come, per esempio, quella di Abd-er Rahman Kikhya fatta costruire nel XVIII secolo.

Altre mattonelle che riproducono lo stile tipico del Cairo possono essere osservate nel South Kensington Museum. Non abbiamo tentato di assegnare alcuna data ai specifici esemplari, con l'eccezione di quelle della moschea di En-Nasir, poiché qualsiasi tentativo avrà sempre un valore esclusivamente ipotetico. Non è facile decidere quali mattonelle siano state prodotte effettivamente al Cairo, anche se è molto più difficile assegnare loro una cronologia. Le mattonelle di Ibrahim Agha risalgono probabilmente al XVII secolo, anche se gli stessi motivi sembrano essere stati impiegati per un lasso di tempo molto ampio. Quindi, anche se conosciamo la data in cui furono poste nella moschea, non possiamo utilizzarla per collocare cronologicamente altre mattonelle dello stesso tipo.

Relativamente ai restanti tipi di ceramica, tranne i frammenti trovati tra le montagne di cocci, c'è molto poco che possa essere fatto risalire con sicurezza al Cairo. Solitamente si ritiene che sia stata prodotta al Cairo una suppellettile bianco opaco smaltata, di cui alcuni esemplari sono stati conservati presso il *South Kensington Museum*. Personalmente ritengono che alcuni piatti di colore bianco e blu con decorazioni floreali, conservate nella *St. Maurice Collection*, siano opera dei ceramisti del Cairo, in quanto sono stati ritrovati proprio in questa città e non assomigliano ad alcuna suppellettile prodotta in altre parti d' Oriente.

Fig. 1: Rivestimento dei minareti della moschea
di Muhammad En-Nasir.

Fig. 2: Decorazioni nella moschea di En-Nasir

Fig. 3: Lady Chapel, St. Mary Redcliffe, Bristol

Fig. 4: Mura di mattoni della moschea di Aksunkur,
Cairo

L' influenza dell'arte islamica sulla pittura europea

Thomas Arnold

Non vi è alcuna prova che la pittura islamica sia stata condotta in Europa prima del XVII secolo e si ritiene che Rembrandt sia stato il primo pittore in Occidente ad essere abbastanza interessato all'arte orientale da fare copie di alcuni dipinti che erano arrivati in Olanda dal lontano oriente e raffiguravano i membri della famiglia imperiale di Delhi.

Possiamo quindi escludere ogni influenza diretta dell'arte pittorica islamica su quella europea; ancora meno vi sono prove che un movimento dell'arte pittorica in Europa sia sorto attraverso le influenze dell'Oriente musulmano. Allo stesso modo, per esempio, è impossibile ricondurre all'Islam una qualsivoglia nuova dimensione nell'arte pittorica simile a quella che si è manifestata nella pittura italiana del XV e XVI secolo, come risultato di un rinnovato interesse nell'arte classica.

Le influenze islamiche, qualora vengano individuate, tendono ad essere superficiali, anche se sono comparse in Europa nel primo periodo della dominazione musulmana nelle acque del mediterraneo. Dai tessuti orientali vennero copiate diverse rappresentazioni di animali, come dimostrano un manoscritto del XI secolo del commentario all'Apocalisse di Boezio conservato nella Biblioteca Nazionale a Parigi ed altri manoscritti, in modo particolare quelli della scuola di Limoges nella prima parte del Medioevo.

Comunque, l'effetto del contatto diretto del mondo cristiano con la cultura musulmana e dell'importazione di oggetti dell'arte orientale, non fu mai così marcato nei dipinti come nella scultura, nell'architettura e nella lavorazione dei metalli, e si manifesta prevalentemente nell'adattamento dei motivi orientali per finalità ornamentali, che sono per la maggior parte confinati a dettagli subordinati. Questi motivi decorativi, sebbene portati all'attenzione degli artisti occidentali attraverso l'importazione della seta musulmana e di altri oggetti della manifattura musulmana, non erano limitati a quei tratti caratteristici che i musulmani avevano creato, ma includevano anche quelli che avevano ereditato dai loro predecessori. Tra queste eredità artistiche del passato vi erano diversi disegni convenzionali di grande antichità, come il sacro albero caldeo che passò, attraverso l'arte sasanide, in quella musulmana. Questo albero della vita, secondo la tipologia primitiva, era spesso affiancato da entrambi i lati da figure, ma gli artisti cristiani spesso omettevano la figura centrale, ossia quella dell'albero sacro. Altri disegni primitivi e pre-islamici sono costituiti da due animali, preda uno dell'altro, e da quelli con due teste ed un solo corpo. Questi elementi compaiono con maggiore frequenza nella scultura piuttosto che nella pittura e nell'ultimo caso erano spesso copiati da sculture simili poste sui capitelli ed in rilievo nelle chiese. Della presenza di artisti musulmani che lavoravano per i patroni cristiani del continente europeo durante il primo Medioevo, come quelli che decorarono la Cappella Palatina in Palermo per Ruggero II (1101-54), non sembra esserci alcuna testimonianza.

Durante il periodo delle crociate un rapporto più frequente con l'oriente musulmano ha facilitato l'importazione di oggetti che recavano motivi decorativi islamici, specialmente nei centri responsabili del commercio con l'Oriente-Genova, Pisa e Venezia. Di conseguenza, un interesse verso il mondo orientale, stimolato per la maggior parte dalla curiosità e dal fascino del diverso, si è manifestato nelle prime opere appartenenti alla scuola di pittura senese, anche se divennero più prominenti nell'arte toscana.

Figure con il turbante e fisionomie orientali fanno la loro apparizione in questi dipinti italiani nella seconda metà del XIV secolo; questi personaggi stranieri generalmente assumono un ruolo subordinato nella rappresentazione delle scene sacre, mentre l'influenza orientale può essere specialmente avvertita negli accessori, come nella raffigurazione di tappeti persiani, l'abbigliamento di persone in stile orientale e l'introduzione di animali esotici, come leopardi, scimmie e pappagalli. Nei dettagli del paesaggio è possibile riconoscere alberi e piante che sembrano essere delle imitazioni deliberate dei disegni orientali.

L'adozione di un particolare carattere orientale occorre nel frequente adattamento delle lettere arabe per finalità decorative. Questo è uno dei primi esempi dell'influenza diretta dell'arte islamica sugli artisti cristiani, che ha attratto l'attenzione degli studiosi europei. Inoltre, da quando Adrien de Longperier ha pubblicato l'articolo intitolato *De l'emploi des caracteres arabes dans l'ornementation, chez les peiples chretiens de l'occident,* nella *Revue archéologique* nel 1846, è stato raccolto un cospicuo numero di esempi, la più ricca collezione delle quali può essere trovata negli articoli di Mr. A. H. Christie nel Burlington Magazine (vol. XL e XLI, "The development of ornament from Arabic scripts").

Tale utilizzo ornamentale dei caratteri arabi appare anche nei dipinti italiani di Giotto, come si può vedere nella Cappella Arena a Padova (Fig.1). Anche Fra Angelico e Fra Lippo Lippi (Fig. 2) amavano questo tipo di decorazione in modo particolare e l'impiegarono anche per le maniche della Vergine e per gli orli della sua veste, anche se comunque sembravano essere del tutto ignari della loro origine. La fonte della loro conoscenza di questi elementi decorativi deve essere ricondotta alle stoffe di seta e di altro materiale importate in Europa dall'Oriente nelle lampade o nelle suppellettili di ottone.

Fig. 1: Cappella Arena, Padova, Italia

Fig. 2: Fra Lippo Lippi, Incoronazione della Vergine, particolare della veste della Vergine, Uffizi, Firenze, Ita-

Le arti islamiche minori e la loro influenza sull'arte europea

A.H. Christie

Quando l'Islam iniziò quella dinamica diffusione che, nel suo corso occidentale, era destinata ad ispirare una nuova forma d'arte in quelle città che si affacciavano sull'Atlantico, partì da regioni in cui l'arte si trovava ancora in forme primitive e piuttosto sottosviluppate. L'arte che veniva praticata in Arabia era infatti o una sterile sopravvivenza di un remoto passato o semplicemente un'imitazione della natura, una sorta d'influsso proveniente dall'estero in luoghi che altrimenti non erano stati per nulla toccati da alcuna forma di penetrazione ed influenza straniera. Nemmeno nelle fertili oasi, in cui era presente una cospicua popolazione, che viveva in condizioni differenti da quelle che mantenevano i nomadi del deserto in uno stagnante isolamento, non emerse alcuna forma d'arte degna di rilievo e particolare considerazione. L'arte islamica deve la sua natura spirituale alla cultura araba, ma la sua struttura materiale venne formata in altri luoghi, in terre in cui l'arte costituiva invece una forza vitale.

Il cristianesimo sia in Siria che in Egitto aveva apportato profondi cambiamenti nell'arte pagana. Vari fattori, che erano radicati in quei luoghi o erano stati condotti e poi sviluppati da una dominazione straniera, erano stati rianimati da un nuovo spirito e combinati per produrre un'arte coerente e di notevole effetto. Al di là del Tigri e dell'Eufrate prevaleva una situazione del tutto diversa. Erano trascorsi alcuni secoli da quando i Persiani, dopo essersi sollevati contro i loro dominatori Parti, avevano fondato la dinastia sasanide ed erano entrati in una fase di rinascita nazionale. La loro arte aveva radici antiche su cui si erano innestati elementi greci al tempo dell'invasione di Alessandro, mentre le importazioni successive dall'Asia centrale erano state amalgamate dal genio iraniano e si erano sviluppate con splendida magnificenza. Nel mezzo di queste due culture, che erano reciprocamente ostili e che erano egualmente avverse ai musulmani, si sviluppò gradualmente l'arte islamica.

Nel Medioevo l'arte era prima di tutto e prevalentemente un'espressione religiosa. Siamo portati ad identificare istintivamente le grandi correnti dell'arte medievale con le fedi che le hanno ispirate perché, anche se alcuni elementi della loro composizione e la procedura tecnica può rimandare ad un antenato comune, vennero plasmati in modo differente da fedi religiose diverse. L'arte cristiana era essenzialmente un mezzo di edificazione religiosa; la sua missione è sempre stata piuttosto chiara ed esposta in modo espressivo con tutte le risorse della pittura e dei simboli che potevano essere comprensibili sia per lo studioso che per l'analfabeta. Però questa superba iconografica appariva agli arabi come una forma di idolatria. Gli arabi, infatti, che mancavano di una solida tradizione in questo ambito, come tutti i popoli primitivi, associavano l'espressione artistica con la magia. Inoltre, a causa del loro notevole zelo puritano, consideravano il lusso estremamente reprensibile, il risultato di una forma di mancanza di fede, una sorta di spira del demonio da cui il vero credente non sarebbe dovuto essere trascinato. Lo splendore dell'arte persiana, quella qualità che gli artisti e gli artigiani persiani avrebbero presto impresso profondamente sull'arte islamica, all'inizio venne considerata offensiva proprio come l'idolatria che manifestava.

L'arte islamica ha avuto il proprio inizio nella moschea, dove nacque nella sua piena luce e dove crebbe apertamente sotto la tutela dello Stato. Le prime moschee erano costituite da semplici strutture prive di pretese architettoniche, la cui funzione era solo quella di raccogliere i fedeli durante le preghiere obbligatorie da assolversi in congregazione. Il loro mobilio, qualora fosse presente -all'inizio infatti le moschee ne erano del tutto prive- era piuttosto semplice ed ogni tipo di innovazione era soggetta ad una critica aspra. Si dice che il primo pulpito posto in Egitto venne distrutto per ordine del califfo, quando gli giunse la notizia della sua costruzione, in quanto poneva il predicatore di molto al di sopra dei suoi fratelli. La prima nicchia costruita per marcare la direzione della Mecca venne aspramente criticata in quanto assomigliava all'abside cristiano, da cui probabilmente derivava. Ben presto però sorse una generazione molto più sofisticata che promosse una tipologia di moschea più ricca. Il *minbar* ed il *mihrab* divennero gli ornamenti principali di edifici che si distinguevano per la bellezza architettonica e le decorazioni.

Quando l'Islam si diffuse, il contatto con le altre civiltà ampliò la sua visione artistica e, pur all'interno delle restrizioni imposte dalla fede in modo permanente, produsse un nuovo tipo ideale. Inoltre, come si può comprendere da un'analisi più approfondita, nuovi elementi culturali di natura puramente secolare iniziarono ad introdursi a spese della supremazia spirituale. Quando gli usi ed i costumi stranieri iniziarono ad insinuarsi nella vita dei capi, che non erano chiaramente dei pilastri della fede, l'odore di santità scomparve dai palazzi. Alcune tipologie di arte non strettamente ortodossa avanzarono lentamente, quando i sovrani cominciarono ad essere conquistati dal gusto per libri meravigliosi, oggetti riccamente cesellati ed altre amenità che forse si addicevano ad un monarca ma non al successore del Profeta. Quando il gusto dei monarchi trovò degli imitatori tra la nobiltà e tra i cortigiani sorse una distinta arte di corte, uno sviluppo che recò profitto all'artigiano, ma che era fonte di dispiacere per il devoto.

L'elitarismo aristocratico era stato impossibile al tempo dei primi califfi, che promossero l'eguaglianza sociale come un principio inviolabile, sostenendo che ogni persona avrebbe potuto facilmente avere accesso alla presenza del capo dello Stato, il cui stile di vita, la cui abitazione e le cui frequentazioni dovevano essere del tutto irreprensibili. Solo quando la classe dirigente cominciò a separarsi dal resto della popolazione, il palazzo divenne un luogo distinto, in cui prevaleva un diverso standard di condotta.

La presenza di un'arte di corte nel periodo degli Omayyadi è dimostrata da alcuni affreschi che raffiguravano dei soggetti finemente ritratti, in cui si fondevano le tradizioni ellenistiche e quelle orientali, che si possono ancora osservare nei padiglioni di caccia ormai in rovina nel deserto ad est del Mar Morto, una costruzione che si ritiene sia stata eretta dal califfo al-Walid I tra il 712 ed il 715. L'arte di corte divenne una tradizione consolidata quando gli Abbasidi trasferirono la capitale da Damasco a Baghdad, che venne completata nel 766. Questo cambiamento segna un'epoca nella storia dell'arte islamica perché da questo periodo in poi l'influenza persiana predominò nel suo sviluppo successivo.

Non ci proponiamo di seguire lo sviluppo dell'arte islamica passo dopo passo, ma di descrivere brevemente alcuni dei suoi sviluppi maturi e, dedicando un'attenzione particolare a determinati esemplari importanti, descrivere in che modo abbiano influenzato e successivamente siano stati sviluppati nell'Europa cristiana. Inoltre, ci occuperemo solo ed unicamente delle arti minori, ossia dell'opera di quegli artigiani che, quando un edificio veniva costruito, erano chiamati ad arredarlo con tutto ciò di cui vi era bisogno.

Ben presto i musulmani divennero dei grandi costruttori. Il loro genio sviluppò delle idee architettoniche dotate di un' acuta capacità tecnica. Il veto religioso relativo alla rappresentazione della forma umana impedì di fatto lo sviluppo della scultura, ma nell'arte d'intagliare nella pietra, nel legno ed in altri materiali si mostrarono estremamente abili. Sebbene sembra che fin dal principio siano esistite delle pitture murali, la pittura pervenutaci si limita alle miniature presenti nei manoscritti che, oltre a rappresentare una notevole abilità tecnica ed uno spiccato senso del colore, mancano tuttavia di alcune caratteristiche e qualità che sono invece presenti nell'Europa medievale. Nel mondo islamico invece erano presenti architetti e costruttori estremamente abili, la cui maestria non era però eguagliata né dai cesellatori né dai pittori.

Se, comunque, con una sola eccezione nell'architettura, i musulmani non riuscirono ad eguagliare i traguardi occidentali, il loro successo nelle arti, in cui il loro genio poteva facilmente svilupparsi, non ebbe pari nel periodo medievale. L'arte islamica è considerabile come l'erede diretta di molte tradizioni artigianali sconosciute in occidente. Nello stesso modo in cui gli studiosi musulmani trasmisero alla posterità la cultura antica, gli artigiani musulmani conservarono, svilupparono e diffusero all'estero lo stile delle arti orientali, che non era penetrato in Europa e, anche se era stato conosciuto nei periodi precedenti, era decaduto durante l'Alto Medioevo.

Nel nuovo sviluppo di queste tecniche antiche l'arte islamica acquistò una caratteristica piuttosto evidente. Ogni oggetto, sia che fosse stato fatto per un utilizzo comune o cerimoniale, è animato da ornamenti così ben strutturati ed espressivi che i loro modelli sembrano essersi sviluppati come elementi naturali piuttosto che come decorazioni artificiali. Le forme assunte dai disegni, benché siano definitivamente esotiche, non sono così lontane dalla tradizione europea da esserne completamente incompatibili. La loro particolarità è, nello stesso tempo, attraente e romantica. Le loro componenti sono state sviluppate con una tale capacità e destrezza, che ci inducono a pensare che dietro la loro struttura materiale si trovi in realtà una inafferrabile vivacità. Un tale abbellimento non è un semplice artificio per mascherare delle forme nude, ma una parte essenziale di un'arte fine, senza la quale il lavoro deve essere considerato incompleto.

Per il contemplativo occhio orientale la danza ritmica di un modello costituisce una necessità ricreativa paragonabile alla melodia per l'orecchio occidentale. La composizione ornamentale esercita un tale fascino per gli artigiani orientali che le hanno dedicato uno studio intenso e continuo. Una semplice analisi ed uno studio dell'arte islamica dimostrano infatti che il disegno ornamentale deve essere classificato come l'arte minore di maggiore successo sviluppata dal genio musulmano.

Sebbene i precetti religiosi proibiscano agli artisti musulmani di introdurre nelle loro opere delle figure umane o creature viventi, tali rappresentazioni possono essere comunque ritrovate comunemente negli ornamenti islamici. Però, non sono tollerati da nessuna scuola particolare, come si suppone qualche volta, ed in nessuna circostanza sono comunque ammessi all'interno della moschea. La loro presenza indica infatti che gli oggetti in questione sono intesi per l'utilizzo comune.

Un'altra caratteristica degna di nota nell'arte islamica è l'utilizzo delle iscrizioni in lingua araba. Un versetto del Corano, un verso di un poeta famoso, o una frase di saluto o benedizione spesso corrono intorno al bordo o riempiono un sigillo ben cesellato. Qualche volta il nome o i titoli grandiosi di un nobile possessore di alcuni oggetti di valore indicano la sua data e provenienza. Spesse volte veniva aggiunta anche la firma dell'artigiano insieme al luogo e alla data della realizzazione dell'oggetto.

La scrittura araba, l'unico contributo arabo all'arte islamica, costituisce il segno universale della dominanza musulmana o della sua influenza. La scrittura, in cui venne scritto il Corano, era considerata sacra dai musulmani e gli scribi gareggiavano gli uni con gli altri nel perfezionare la calligrafia dei suoi caratteri. Generazioni di esperti calligrafi lavorarono con una tale capacità e talento che un libro diveniva un tesoro dal valore inestimabile, anche se ospitava qualche scritto minore.

Gli artigiani europei gradualmente assunsero famigliarità con la scrittura araba, anche se non erano capaci di leggerla. Le prove di questa conoscenza e ignoranza insieme sono rintracciabili per la prima volta in una moneta d'oro coniata da Offa, re di Murcia (757-96), che si trova attualmente nel British Museum. Questa moneta assomiglia ad un dinar musulmano e nel mezzo di una legenda araba riporta le parole rivoltate *OFFA REX*, così ben cesellate che appare ben visibile la data del suo conio (774), mentre la formula religiosa islamica è resa nella copia in modo molto chiaro e leggibile. Questa moneta è in un certo senso unica, ma dimostra quanto ampiamente circolasse il denaro contante coniato dai musulmani. Nello stesso museo, un altro esempio del contatto occidentale con l'opera musulmana è rappresentato da una croce celtica risalente al IX secolo, che riporta nel centro una pasta di vetro con l'iscrizione "Bismillah" in lettere kufiche. In nessuno dei due casi gli artigiani hanno compreso il significato della scrittura straniera che avevano copiato, dal momento che molto difficilmente delle iscrizioni musulmane avrebbero potuto trovare posto nella moneta di un re cristiano o all'interno di un emblema sacro.

Da questo periodo in poi parti di lettere arabe, spesso scritte in modo piuttosto illeggibile, e motivi ornamentali desunti dalle fonti islamiche divennero sempre più numerose nell'artigianato dell'Europa cristiana. L'attrazione religiosa verso la Terra Santa, il desiderio di conoscere il patrimonio di conoscenze preservato dall'Islam, le imprese commerciali ed altri interessi condussero molti pellegrini e viaggiatori nelle terre islamiche, da dove spesso tornavano con esempi di arte ed artigiano islamico come testimonianza dei loro racconti di viaggio relativi alla magnificenza araba.

Tra gli oggetti portati dagli studiosi, che andarono in cerca nelle terre musulmane di fonti di conoscenza sconosciute nei loro stessi paesi, spicca l'astrolabio. Strumento astronomico di invenzione greca, successivamente migliorato dal geografo alessandrino Tolomeo e perfezionato dai musulmani, l'astrolabio arrivò in Europa intorno al X secolo.

In Oriente era impiegato prevalentemente per determinare l'ora della preghiera e la posizione della Mecca. Spesso però era utilizzato anche per altri scopi, come quello descritto nella storia raccontata dal sarto, in cui un barbiere poco convincente fa aspettare indefinitamente la sua esasperata vittima prima di trovare con il suo astrolabio il momento preciso per effettuare la rasatura. L'associazione con l'astrologia diede all'astrolabio e a coloro che erano abili nel suo utilizzo una sinistra reputazione in tutto il Medioevo, periodo in cui nella credenza popolare l'astronomia e l'astrologia erano identificate. Il grande studioso del X secolo, Gerbert di Auvergne, che divenne Papa con il nome di Silvestro II nel 999, fu spesso accusato, a causa delle sue conoscenze astronomiche, di aver avuto dei commerci con il demonio durante il suo soggiorno a Cordova. Nel riportare come Gerbert, che "era più abile dello stesso Tolemeo nell'utilizzo dell'astrolabio", promuovendo la scienza matematica in Gallia, dove era stata a lungo tempo trascurata, William di Malmesbury fornisce un sinistro accenno alle sua capacità da negromante. Una testimonianza interessante di questa scienza della fine del decimo secolo è conservata a Firenze: un astrolabio costruito per la latitudine di Roma, che alcuni studiosi ritengono sia appartenuto a Papa Silvestro.

L'astrolabio più antico conosciuto, risalente al 984, si trova ad Oxford ed è opera di due maestri, Ahmad e Mahmud, figli di Ibrahim l'astrolabista originario di Isfahan. Tra quelli conservati nel *British Museum* vi è un esempio inglese datato 1260. La biblioteca del *Merton College* possiede questo strumento tradizionalmente associato con Chaucer, che scrisse un trattato sull'astrolabio per il figlio minore.

L'astrolabio era uno strumento utilissimo per i marinai. Il suo impiego per le osservazioni nautiche continuò in occidente fino al XVII secolo, quando venne poi sostituito da nuove invenzioni. Un astrolabio ben costruito costituisce un'opera d'arte elaborata, spesso cesellata con cura ed abilità particolari in una forma che si è conservata per secoli senza alcun cambiamento. Un astrolabio fatto sotto la sovrintendenza di Ibrahim ibn Sa'id a Toledo nel 1066-77, mostrato nella Fig. 1, può essere paragonato ad un altro (Fig. 2) simile nella forma ma cesellato in modo delicato, opera messa a punto in Persia e databile, secondo gli studiosi, intorno al 1730.

Tra i molti antichi esemplari della lavorazione dei metalli dell'artigianato islamico, che ci sono pervenuti, c'è un forziere nella cattedrale di Gerona (Fig. 3) fatto di legno ricoperto di argento finemente cesellato. Il forziere riporta un'iscrizione in cui sono presenti i nomi degli artigiani che lo hanno edificato, Badr e Tarif, ed il motivo della sua costruzione. Era infatti stato commissionato da un cortigiano di al-Hakam II (961-76) come dono per il principe ereditario, Hisham, che succedette a suo padre come emiro di Cordova. Questo è uno dei pochi esemplari in argento, che sono pervenuti fino a noi, in quanto opere ricoperte di oro ed argento non mancavano nei palazzi dei califfi, anche se la tradizione religiosa voleva che questi metalli fossero riservati unicamente per i beati in Paradiso.

Le testimonianze egiziane descrivono in modo molto accurato i tesori in oro ed argento accumulati dai califfi fatimidi del Cairo, la maggior parte dei quali furono dispersi dai mercenari turchi durante una rivolta nel 1067. Un inventario degli oggetti preziosi raccolti nei palazzi dal tempo della loro fondazione e trascritti dallo storico al-Maqrizi dagli antichi archivi che ancora esistevano al suo tempo, ci aiutano a descrivere alcuni dei curiosi oggetti lussuosi che gli orefici di corte del tempo erano soliti cesellare. Si tratta di un documento piuttosto lungo che descrive con estrema precisione oggetti quali calamai d'oro e argento, scacchi, porta-parasole, vasi per narcisi e violette, uccelli d'oro ed alberi incastonati di pietre preziose in un numero tale che, anche se riduciamo poche centinaia dalle migliaia enumerate nella lista, persino uno scettico non può che rimanerne profondamente impressionato. Inoltre, la famosa ricchezza dei Fatimidi è ampliamente descritta da un testimone contemporaneo, il viaggiatore persiano Nasir-i Khusrau che nel 1047, accompagnato da un ufficiale di palazzo, ne visitò gli appartamenti. Ebbe l'occasione di entrare in undici stanze in successione, una più splendida dell'altra, prima di accedere nella dodicesima in cui era presente un trono, un'opera stupenda fatta d'oro e decorata con scene di caccia intercalate da iscrizioni scritte con grandissima cura. Prima del trono, che era alzato su tre scalini di argento, era posto un graticcio d'oro traforato. Sfortunatamente la sua bellezza era tale da "non poter essere descritta con le parole".

Le opere in oro ed argento più antiche dell'arte islamica sono praticamente scomparse; tutto ciò che rimase è fatto di bronzo, ottone e rame. Si tratta di utensili e mobili utilizzati dai ricchi musulmani. Queste opere ci consentono comunque di studiare l'artigianato islamico. Il grande grifone di bronzo (Fig. 4) che si trova nel Campo Santo di Pisa costituisce un esempio monumentale di una tipologia solitamente rappresentata da piccoli uccelli e da animali, che formano spesse volte parte delle fontane o bacili, da cui i successivi aquamanili europei hanno tratto la loro meravigliosa forma. Il corpo di questo affascinante animale è completamente coperto da motivi cesellati. Sul collo e sulle ali sono rappresentate delle piume e la schiena assomiglia ad un tessuto decorato con bordi e motivi tondeggianti con un' iscrizione in caratteri kufici, che si estende in una linea intorno al petto. Sui fianchi sono indicati pannelli ricamati con leoni e falconi all'interno dei bordi di spirali. L'iscrizione, un verso che mostra adulazione verso il proprietario, non ci fornisce alcuna informazione in merito alla data e all'origine di questa notevole opera in bronzo, anche se probabilmente costituisce una reliquia una volta appartenuta al palazzo dei Fatimi nel XI secolo.

Altri modi di decorare il metallo, oltre a quello di disegnare degli ornamenti in rilievo o di cesellarli, erano praticati dagli artigiani musulmani. Costoro eccellevano nell'arte d' intarsiare disegni in oro ed argento nel bronzo o nell'ottone, un processo condotto in molti modi differenti, solitamente conosciuto come damascato, un termine derivato dall'associazione europea della tecnica con Damasco, dove era sicuramente praticata, sebbene probabilmente non ebbe lì la sua origine. Nella tecnica più antica e raffinata gli ornamenti erano incisi nel metallo e le scanalature erano riempite con argento ed oro, che spesso venivano utilizzati entrambe sul medesimo oggetto. La brillantezza del disegno era spesso sottolineata riempiendo gli altri interstizi con un mastice nero ed in alcuni casi, come decorazione, veniva utilizzato solo ed esclusivamente quest'ultimo metodo.

La lavorazione dei metalli da parte degli artigiani musulmani raggiunse la perfezione intorno alla metà del XII secolo e mantenne l'eccellenza per circa duecento anni. Un esempio tipico, uno dei migliori pervenuteci, è una brocca in ottone conservata nel *British Museum* (Fig. 5), completamente coperta da disegni intarsiati in argento. La struttura e l'imboccatura sono divise in zone distinte da pannelli diversamente ornati, mentre ogni parte della superficie è riccamente decorata con figure, motivi geometrici o floreali ed iscrizioni. Alla base un motivo di semiarchi incrociati, che termina con figure pendenti che assomigliano a tasselli, completa l'opera. Le piccole lastre di argento intarsiate con delle figure sono squisitamente formate e riportano dei dettagli quali immagini di mani, volti e drappeggi intarsiati con grande cura. Un'iscrizione, che corre lungo tutta l'imboccatura, afferma che la brocca era stata fatta da Shuja ibn Hangar a Mosul nell'anno 1232.

Questa brocca è rappresentativa di una scuola che si suppone abbia avuto il proprio centro a Mosul, una città che intratteneva rapporti con le antiche e produttive miniere di rame piene di artigiani rinomati per ogni sorta di prodotti artistici ed in modo particolare, così come ci è stato testimoniato da un autore del XIII secolo citato da M. Reinaud, per la manifattura di recipienti di rame da tavola. Però la medesima tecnica ed una decorazione simile compaiono nelle opere più antiche fatte a nord e ad est di Mosul, che dimostrano le connessioni armene e persiane della scuola, anche se comunque non sono state ancora definite con chiarezza. Dal momento che alcuni procedimenti tecnici e alcuni

elementi nella decorazione delle opere più tarde rimandano alla tradizione ellenistica del II secolo, non è improbabile che gli sviluppi islamici abbiano la propria origine in queste regioni da tempi piuttosto remoti.

L'influenza di questa scuola si è diffusa rapidamente attraverso la Siria in Egitto, un processo accelerato dall'invasione mongola, che ha lasciato le città della Mesopotamia in rovina e ha disperso i suoi artigiani. La presa di Baghdad da parte di Hulagu, nipote di Chingiz Khan, e la morte del Califfo Musta'sim condusse infatti la dinastia abbaside alla fine nel 1258.

Un astuccio conservato nel *British Museum* (Fig. 6), fatto di ottone intarsiato con argento ed oro, riporta il nome del maestro, Mahmud ibn Sunqur di Baghdad, ma non può essere stato fatto nella città dei suoi antenati in quanto risale al 1281, quando gli unici abitanti di Baghdad erano dei paesani che si erano stabiliti tra le rovine. Questo astuccio costituisce nel disegno e nella fattura un'opera non inferiore alla giara prima descritta. I dodici segni dello zodiaco, raggruppati in tre medaglioni, costituiscono l'ornamento principale del coperchio che contiene al suo interno dei cerchi decorati con motivi astronomici. Il cerchio nel centro ospita un sole dal volto umano e negli altri vi sono figure che rappresentano la Luna, Mercurio con la penna ed uno scritto, Venere con un liuto, Marte con una spada ed un capo mozzato, Giove seduto come un giudice e Saturno con un bastone ed una borsa. Tutti sono posti su uno sfondo riccamente lavorato e chiuso da un bordo di un disegno intricato. Questo oggetto è un esempio magnificente di molti altri, che originariamente erano riempiti di porta inchiostro, scatole di sabbia, fissante e penne.

Quando l'arte dell'intarsio si diffuse verso sud, la decorazione mutò e nuovi sviluppi divennero caratteristici di una seconda scuola fondata al Cairo durante il XIV secolo. I medaglioni posti ad intervalli nelle bande ornamentali mostrarono dei motivi floreali e le iscrizioni, che in passato erano state più o meno sussidiarie, divennero la caratteristica più importante. Nella Fig. 7 è riportato un bacile intarsiato di oro ed argento fatto per al-Nasir Muhammad ibn Qala'un, Sultano d'Egitto, che regnò, con due interruzioni, dal 1293 al 1341.

Questi due esempi sono sufficienti per dare un'idea dei molti esemplari che ci sono pervenuti, spesse volte estremamente ben conservati. Tra di loro vi sono brocche e bacinelle ed altri contenitori che, come viene dimostrato dai nomi ed i titoli riportati tra i loro ornamenti, una volta avevano fatto la loro comparsa nei banchetti dei sultani e dei nobili. Oggetti quali astucci porta-gioielli, scatole per scrivere, candele, incensieri, vasi di fiori e altri simili oggetti di uso quotidiano abbondano in una varietà e quantità troppo numerosa da descrivere minuziosamente. Durante il XIII ed il XIV secolo queste meravigliose opere d'intarsio erano piuttosto ricercate e gli esemplari di maestri famosi erano richiesti da ricchi mercanti, che spesse volte commissionavano le opere stesse. Nel *British Museum* e nel *Victoria and Albert Museum* ci sono molti campioni con interessanti associazioni storiche, molti dei quali mostrano un' eccellenza incomparabile.

Alla fine del XIV secolo l'arte dell'intarsio però si trovava già in declino. L'invasione mongola della Siria ed il sacco di Damasco da parte di Tamerlano nel 1401 sconvolse i centri più importanti e la conquista ottomana dell'Egitto nel 1517 disperse gli ultimi maestri rimasti al Cairo. Però, mentre si trovava in decadenza nella sua patria di origine, quest'arte cominciò ad ottenere un'attenzione sempre più crescente in Europa, dove era destinata a godere di una brillante rinascita. Nel XV secolo il commercio orientale stabilito dalle città italiane durante le crociate si era incredibilmente sviluppato. I prodotti orientali erano divenuti piuttosto popolari nelle sfarzose feste dei principi italiani. A Venezia l'arte islamica della lavorazione dei metalli ispirò così tanto gli artigiani che sorse una distinta scuola Veneziano-Orientale, in cui la tecnica ed i disegni musulmani vennero adattati al gusto rinascimentale italiano. Un esempio di questo sviluppo può essere visto nella Fig. 8, un vassoio in ottone risalente alla metà del XIV secolo. È intarsiato e dipinto con colori smaltati blu ed oro, ed è decorato con fini arabeschi. Al centro riporta l'immagine di un'aquila. Conosciamo il committente dell'opera, Anna Jagiellou, ma l'artista è rimasto purtroppo anonimo. Altri campioni erano modellati secondo l'arte persiana del tempo ed erano realizzati nella stessa Venezia da artigiani persiani che si erano stabiliti nella città.

Durante il XIII ed il XIV secolo la lavorazione dei metalli aveva seguito in Persia un corso simile a quello intrapreso dalla scuola di Mosul con cui era intimamente connessa, ma il suo progresso era marcato da un miglioramento crescente nelle forme dei contenitori e certe modifiche nelle loro decorazioni. All'inizio della seconda rinascita nazionale dell'arte persiana, che si colloca al tempo della dinastia safavide nel XVI secolo, questi cambiamenti furono pienamente sviluppati in un nuovo stile, in cui gli intarsi vennero ridotti generalmente a motivi lineari o iscrizioni poste su sfondi coperti da motivi ripetuti finemente cesellati. Un esempio di questo stile è visibile nella Fig. 9, un coperchio di una bacinella firmato da Mahmud al-Kurdi, un famoso maestro persiano che lavorò a Venezia nei primi anni del XVI secolo.

Secondo l'utilizzo fatto dagli artigiani musulmani, gli intarsi in oro ed argento costituivano in qualche misura una controparte orientale delle opere in metallo smaltato degli artigiani europei dell'epoca, il cui processo champlevé comprendeva l'intarsio di disegni con paste di vetro colorate su molti oggetti, che solitamente i musulmani arricchivano con metalli preziosi con un metodo simile. La smaltatura sul metallo era praticata in Oriente, ma esempi di arte islamica a questo riguardo sono comunque piuttosto rari. Le placche d'oro smaltate con colori sono menzionate nell'inventario di al-Maqrizi dei tesori dei Fatimidi e un disco metallico con ornamenti a forma di foglie ed un'iscrizione smaltata con cloisonne, recuperata dalle macerie di Fustat ed ora nel Museo dell'arte araba al Cairo, risale apparentemente a questo periodo. Però il campione più importante delle opere smaltate conosciute è un bacile di rame conservato nel *Museo Ferdinandeum* ad Innsbruck, che è decorato con l' Ascesa di Alessandro, circondato da animali mitici posti su di uno sfondo arricchito con alberi di palma e figure in piedi. Sebbene bizantino nello stile, questo bacile riporta un'iscrizione che dimostra che era fatto per un certo Ortuiqd, principe della Mesopotamia, che regnò verso la metà del XII secolo.

A giudicare dai pochi campioni che ci sono pervenuti, sembrerebbe che la smaltatura non sia stata la tecnica favorita dagli artigiani musulmani. Solo verso il XV secolo, quando in Spagna vennero fatte delle guaine delle spade, quest'arte comparve di nuovo nella cultura islamica e quegli esempi, come i tardi lavori smaltati fatti per gli imperatori Moghul dell'India, costituiscono piuttosto il riflesso del fascino straniero che degli sviluppi tradizionali.

Nell'ambito di un altro tipo di smaltatura, ossia l'applicazione di smalti colorati sulla terra cotta, i musulmani nel periodo antico si dimostrarono dei maestri esperti. Sotto il governo islamico i vasai egiziani e del vicino oriente rinnovarono e svilupparono dei processi tecnici e dei motivi decorativi, che erano sopravvissuti da tempi più antichi in una forma più o meno decadente. Maioliche con meravigliose superfici smaltate blu e verdi risalgono ad un periodo piuttosto antico in Egitto ed opere simili colorate in modi diversi erano utilizzate con grandiosi effetti nel palazzo di Dario a Susa nel 500 B.C. In queste regioni l'arte si mantenne nell'oscurità fino all'invasione araba quando, sotto l'influenza musulmana, i vasai cominciarono di nuovo a sperimentare con nuove tecniche e schemi ornamentali.

La storia dell'antica ceramica islamica deve essere ancora scritta e, sebbene molti campioni interessanti siano stati riscoperti recentemente, la loro provenienza e cronologia non può essere determinata con precisione e rimane quindi oggetto di semplici congetture. È chiaro che diverse tipologie si sono diffuse rapidamente attraverso tutto il mondo islamico da centri collocati in Persia, Mesopotamia, Siria ed Egitto, ma è impossibile determinare esattamente dove abbiano avuto origine i diversi manufatti. Erano infatti così popolari che reperti simili nella fattura e nel disegno sono stati ritrovati in diversi siti antichi in luoghi piuttosto distanti gli uni dagli altri.

Uno o due esemplari debbono essere descritti per mostrare la natura dell' antica ceramica islamica. Un piatto di terracotta dipinta trovato a Susa (Fig. 10), decorato con teste di papavero blu cobalto su di uno sfondo bianco, sono state datate intorno al IX secolo. Reperti simili sono stati rinvenuti nel sito archeologico del palazzo di Samarra, fatto costruire dal figlio del califfo Harun ar-Rashid nel 836 e abbandonato cinquant'anni dopo. Il piatto è un esempio antico dello schema decorativo in bianco e blu ora così famigliare nella ceramica occidentale, uno stile che giunse in epoca successiva dalla Cina. Nel IX secolo gli Abbasidi importavano suppellettili cinesi. Caratteristiche porcellane e ceramiche fatte durante la dinastia T'ang sono state rinvenute a Samarra, insieme ad altre suppellettili che ne costituiscono delle chiare imitazioni. Il disegno realistico presente sui piatti appartiene ad una tradizione straniera, ma il meraviglioso blu utilizzato rappresenta un elemento autoctono, un colore che venne persino esportato in Cina, dove era comunemente conosciuto come "blu musulmano". Questo colore era così essenziale nell'ambito della manifattura di suppellettili bianche e blu che, quando per ragioni sconosciute la fornitura venne interrotta, anche la loro produzione venne temporaneamente sospesa. Così, sebbene l'Occidente solitamente attribuisce le porcellane bianche e blu all'estremo oriente, lì il colore blu era associato all'Islam. I vasai musulmani lo utilizzavano con grande maestria su certe suppellettili fatte a Kutahia in Asia Minore durante il XV ed il XVI secolo.

I vasai musulmani, anche se si mostravano pronti ad accettare idee progressiste, tuttavia mantennero sempre una grande originalità, amalgamando gli elementi stranieri in una distinta tradizione così come mostrano molti manufatti. Il coperchio di una giara riportato nella Fig. 11 costituisce un esempio della suppellettile detta Gabri, un tipo di ceramica che si suppone sia stata fatta dagli adoratori del fuoco, che in certe zone della Persia erano rimasti tenacemente attaccati alla loro antica religione, anche molto dopo la conquista araba. In questo tipo di ceramica la decorazione è ancora rozza ma disegnata in modo espressivo incidendo delle sottili crepe sulla superficie di argilla fino al materiale di colore rosso sottostante. Il tutto poi è coperto da una tinta trasparente, di giallo, verde, porpora o marrone scuro, colori che vengono distribuiti in pennellate occasionali che ricordano uno stile cinese contemporaneo. A causa della prevalenza dei motivi sasanidi -quali cacciatori, mostri mitici e ricami di foglie- il Gabri è stato collocato cronologicamente all'inizio dell'era musulmana ma, dal momento che sono stati ritrovati degli esemplari che riportano iscrizioni in kufico risalenti al XI e XII secolo, la maggior parte dei reperti sono ora datati da questo periodo in poi. Il metodo di disegno, che viene definito graffito, era comunemente utilizzato in Cina, ma non necessariamente ebbe qui la sua origine, in quanto è presente anche nell'Egitto pre-islamico. Nel XV secolo il processo venne utilizzato con grande successo dai vasai italiani, che probabilmente ne vennero a conoscenza attraverso delle fonti islamiche, da dove dedussero la maggior parte della conoscenza tecnica di cui si servirono ampiamente nell'ambito del processo di rinnovamento delle arti ceramiste durante il Rinascimento.

In quella che è comunemente conosciuta con il nome di "ceramica lustrata" i musulmani raggiunsero grande maestria. In questo tipo di ceramiche il motivo ornamentale viene disegnato con un sale metallico su di una superficie smaltata e fissata con il fumo in modo che presenti un luccichio metallico che varia da un rosso brillante ad un verde-giallo, ed in alcuni casi presenta persino dei riflessi brillanti. Reperti datati dal X secolo sono stati ritrovati nel Vicino Oriente, in Nord Africa e Spagna, mostrando dalla loro ampia diffusione quanto le suppellettili fossero tenute in considerazione nell'Islam, lasciando però nel dubbio il loro luogo di origine. Gli studiosi non sono unanimi nel ritenere che la loro origine debba essere cercata in Persia o in Egitto. L'ampio vaso nella Fig. 12 venne recuperato tra le rovine di Fustad, e si ritiene che sia un'opera fatimide del XI secolo. La Fig. 13 rappresenta un piatto dipinto con un grifone, delle decorazioni floreali e delle lettere kufiche, che venne ritrovato nel sito di Ray (o Rhage), un'antica città persiana distrutta dai Mongoli nel 1220.

Ray era un centro piuttosto sviluppato dell'industria ceramista, dove ebbero origine diversi stili e tipologie. Le sue rovine sono miniere di delicati ritrovamenti. Definitivamente associati con questa città ci sono dei vasi e piatti dipinti con colori opachi -blu, verde, rosso-marrone e porpora, con qualche foglia d'oro in campo bianco o su uno sfondo colorato- con figure e decorazioni finemente realizzate, che assomigliano così tanto ai dipinti presenti nei manoscritti dell'epoca da sembrare che gli artisti ne siano stati ispirati. La coppa nella Fig. 14 decorata con sfingi e con musicisti seduti in pannelli formati da una serie di opposte linee curve dalla forma di S è un tipico esempio di miniature, la cui manifattura era all'apice quando Ray venne sopraffatta dai Mongoli.

Il vaso nella Fig.15 dipinto in turchese, blu scuro e nero rappresenta un tipo di ceramica fatta a Sultanabad in Persia, durante il XIII ed il XIV secolo. Un vaso di questa forma era conosciuto in Italia con il nome di albarello, un termine probabilmente derivato dall'arabo *al-barniya* che indicava una giara per le medicine. Il nome mostra l'utilizzo di questo tipo di recipiente in Oriente, che continuò ad essere praticato anche in Italia. Nel XV secolo le farmacie italiane esibivano questo tipo di giare piene di medicinali e preparati importati dall'Oriente. Questo commercio condusse in Occidente i prototipi delle giare italiane per le medicine, nello stesso modo in cui sono pervenute le giare cinesi per lo zenzero. Nella Fig. 16 è possibile osservare uno sviluppo italiano della forma orientale: un albarello di terracotta color beige dipinta in blu scuro fatta a Faenza nella metà del XV secolo.

Gli italiani importarono delle giare per le medicine dipinte in lucido da Valenzia, il centro islamico di produzione in occidente, dove esemplari di un certo tipo venivano prodotti, spesso su ordine di un compratore straniero, di cui veniva riportato lo stemma dipinto. Nella Fig. 17 viene mostrato un piatto decorato in lucido giallo e blu che venne fatto a Valenzia nel XV secolo per un membro della famiglia Degli Agli di Firenze, di cui riporta il blasone. La ceramica lucida spagnola ha ispirato l'imitazione italiana con un successo tale che nel XVI secolo i vasai autoctoni impararono ad illuminare i caratteristici disegni rinascimentali con la loro brillantezza in un modo che si dissocia definitivamente dalla tradizione. A Gubbio, un famoso centro, lavorava Giorgio Andreoli -un grande maestro- i cui lucidi di colore oro e rubino rimangono insuperabili sia in Italia che in Oriente.

All'inizio del XVI secolo l'antica arte della ceramica era in ogni luogo in pieno mutamento e tra le sue nuove manifestazioni vi erano due tipologie simili sorte in Asia Minore ed in Siria che fiorirono con superba magnificenza. Fatte in terracotta ricoperta da una sottile pellicola, erano dipinte sotto una tinta trasparente con disegni contornati di nero e colorati di verde, blu e porpora scuro, a cui in Asia Minore veniva spesso aggiunto un colore rosso brillante. Questi manufatti venivano utilizzati prevalentemente come maioliche di forma quadrata e dipinte o con motivi ripetuti o con le parti separate da ampie composizioni simmetriche. In Costantinopoli, Brussa ed altre grandi città dell'impero ottomano vi erano molti edifici le cui mura brillavano di queste decorazioni.

I tre esempi seguenti costituiscono dei campioni delle maioliche decorate con motivi ripetuti. Nel primo (Fig. 18) il disegnatore, dopo aver disegnato due tipologie di maioliche, le ha assemblate in modo alternato al fine di produrre -quando un certo numero di maioliche sono fissate in un luogo- un effetto di bande bianche che corrono in curvature opposte dalla cima alla base dello spazio decorato incorniciato da piccoli tasselli. A differenza di questo disegno, il secondo (Fig. 19) è puramente naturalistico e costituito da steli ondulati a cui sono attaccati ad alternanza grappoli, foglie di vite e fiori di mandorlo. Entrambi questi motivi, uno formale e l'altro realistico, sono combinati in un terzo motivo (Fig. 20), che aggiunge una rete di snelle foglie di acanto e roselline. Una tale elaborazione di semplici temi in un disegno complesso, in cui motivi apparentemente incongruenti sono sapientemente collocati gli uni con gli altri, è una caratteristica di questa scuola che dimostra quanto gli artigiani musulmani sperimentassero sempre nuove idee nell'ambito della decorazione. Il meraviglioso pannello nella Fig. 21 illustra invece il secondo tipo di decorazione delle maioliche, ossia un ampio pezzo composto come un tutto. Costituisce un fine esempio dell'arte di Damasco in blu chiaro, verde e porpora che distingue i manufatti siriani da quelli turchi.

I vasai turchi e siriani hanno utilizzato la medesima tecnica impiegata nelle maioliche anche nelle decorazioni di meravigliosi piatti, ciotole, vasi ed altre suppellettili di diversa forma. La snella bottiglia nella Fig. 22 decorata con uno strano miscuglio di sfingi, uccelli ed animali dipinti di bianco su di uno sfondo verde costituisce un interessante esempio di una tipologia piuttosto originale, in cui persistono alcuni elementi arcaici. Le pennellate di rosso che animano il colore mostrano l'origine turca. Il rosso infatti è presente qualche volta nei manufatti dell'Asia Minore, ma è invece del tutto assente in Siria.

I più impressionanti elementi decorativi impiegati in questo tipo di ceramica sono senza dubbio i motivi floreali, come quelli utilizzati ampiamente sul pannello di Damasco (Fig. 23), dove tulipani, rose, giacinti, iris e fiori di mandorlo spuntano da due eleganti vasi. I fiori sono dipinti sempre con grande perizia e grazie a questo senso artistico il loro naturalismo non si riduce mai ad una mera rappresentazione pittorica. I disegnatori trassero dalla Persia i motivi floreali e la tecnica con cui disegnarli con grazia ed arte. Alla Fig. 24 è visibile un fine esemplare di Damasco influenzato dal modello persiano, una brocca decorata con rose e tulipani su di uno sfondo lavorato di colore blu, che per il disegno ed il colore brillante costituisce un vero capolavoro del suo genere. Dalla Persia, prevalentemente attraverso i canali turchi e siriani, l'arte occidentale venne a conoscenza di certi fiori oggi comunemente coltivati nei nostri giardini, ma una volta conosciuti in Europa solo attraverso le loro rappresentazioni sulle ceramiche e sulle porcellane importate dall'oriente islamico. Il tulipano venne importato per la prima volta in occidente da Busbecq, ambasciatore imperiale a Costantinopoli, nella metà del XVI secolo.

In Siria, dove nei tempi antichi erano stati ampiamente utilizzati i materiali presenti nel suolo per la manifattura del vetro, i musulmani svilupparono uno stile caratteristico per la decorazione del vetro visto su numerose bottiglie, vasi, bicchieri ed altri oggetti dipinti con figure ed ornamenti in smalti colorati spesse volte ripassati in oro. Alcuni esemplari sono decorati in modo tale da ricordare certe tipologie di ceramiche originarie della Persia e della Mesopotamia, e per questa ragione si ritiene che appartengano ad un periodo più antico. Costoro rappresentavano, forse, l'opera di artigiani originari della Mesopotamia che emigrarono in Siria durante la prima invasione mongola e stabilirono dei laboratori, che furono poi ampiamente sviluppati nel corso del XIV secolo per poi essere distrutti da Tamerlano, che nel 1401 invase la Siria.

Il calice nella Fig. 25, dipinto con due bande orizzontali tra le quali è disegnato un principe seduto su di un trono, con un attendente ad ognuno dei lati, è una tipica composizione del XIII secolo caratterizzata dalle smaltature rosse, bianche e dorate. Il calice fu portato in Europa dopo essere stato completato, in quanto è montato su di un' ampia base e su uno snello stelo di argento ornato in stile *repousse* tipico della Francia del XIV secolo. Si tratta chiaramente di un oggetto di grande valore. Documenti contemporanei dimostrano che il vetro siriano era molto apprezzato in quel periodo nell'Europea cristiana. Nell'inventario dei tesori appartenuti a Carlo V di Francia nel 1397 due voci descrivono questo tipo di vetro con le parole seguenti: "Trois potz de voire ouvrè par dehors a ymage à a la facon de Damas".

Un altro bicchiere siriano conservato nel *British Museum* venne fatto probabilmente appositamente per un cristiano dato che riporta le immagini della Vergine, del Bambinello e dei Santi Pietro e Paolo ed un'iscrizione in latino. Nel XV secolo gli artigiani del vetro veneziani, famosi in tutta Europa dal XIII secolo, rivolsero la loro attenzione ai metodi orientali ed impararono il processo della smaltatura che ben presto cessò di essere un monopolio dei musulmani. Da Venezia l'arte si diffuse ad altri centri europei e sviluppò nuovi stili. Le bottiglie smaltate comuni nel XVII secolo costituivano dei discendenti minori della perizia musulmana.

Le imitazioni, per quanto possano essere considerate interessanti, tuttavia non possono competere con i loro prototipi orientali nella bellezza della forma o della decorazione. Esemplari quali la bottiglia dal lungo collo nella Fig. 26 e la delicata ciotola con il coperchio della Fig. 27 sono tipici delle suppellettili in vetro forgiate dagli artigiani musulmani. La bottiglia è smaltata con medaglioni, iscrizioni e decorazioni floreali disposte in bande orizzontali e reca il nome di un Amir associato con al-Kamil Sayfu'l-Din Sha'ban, il sultano mamelucco dell'Egitto del 1345. Il recipiente riporta un disegno simile smaltato in verde, blu, rosso, bianco e dorato. Questo meraviglioso esemplare dalla forma non comune non reca alcun nome, ma solo l'iscrizione: "Gloria al nostro signore, il Sultano!".

Le opere più magnificenti degli artigiani del vetro siriani erano le lampade, o piuttosto le lampade schermate riempite internamente con piccoli contenitori d'olio agganciati da fili alla montatura, che sospesi da tre o più catene d'argento o di ottone collegati ai cappi attaccati sul corpo della lampada, illuminavano l'oscurità di molte grandi moschee con uno splendore tipico dei gioielli. Queste lampade sono solitamente decorate con nastri arricchiti da medaglioni, da iscrizioni e motivi di foglie. In alcuni casi invece l'intera superficie è coperta da motivi floreali come una seta di broccato. Un'altra è lavorata allo stesso modo, ma reca anche un piccolo scudo con lo stemma del donatore che l'ha commissionata per qualche moschea, il cui nome ci è rimasto comunque sconosciuto.

I nobili musulmani, seguendo un'antica tradizione orientale, spesso ponevano delle effigi di tipo araldico sugli oggetti da loro posseduti. L'utilizzo di tali figure ha influenzato l'araldica occidentale che, durante le Crociate, si è evoluta in una scienza sistematica con una propria nomenclatura. Il termine azzurro, che indica una variante del blu, è derivato infatti dalla parola persiana che denota le pietre blu conosciute come lapislazzuli. Vi sono comunque altre connessioni interessanti tra l'araldica europea ed orientale, come la curiosa figura che rappresenta l'aquila a due teste, che ha fatto la sua prima apparizione nella remota antichità nei monumenti degli Hittiti. Divenne poi il simbolo dei sultani selgiuchidi all'inizio del XII secolo e nel XIV venne adottato come blasone del Sacro Romano Impero.

I simboli dell'araldica musulmana erano posti su scudi di forma circolare dalla base spesse volte smaltata. Oltre agli uccelli simbolici ed agli altri animali, come l'aquila, che era piuttosto comune, ed il leone adottato da Baybars, il sultano mamelucco, vi erano altri simboli di natura differente, propri di certi funzionari di corte - il coppiere, il maestro di polo e i diversi segretari di Stato- in virtù della carica occupata. Nella Fig. 28 sono riprodotti alcuni di questi simboli. Il significato della coppa e del bastone da polo è chiaro, ma quello dell'ultima figura ha sollevato una serie di interrogativi. Una volta si pensava che fosse una vestigia di un antico geroglifico egiziano utilizzato nell'arte islamica, ma ora è considerato invece una rappresentazione diagrammatica di una scatola per la scrittura, così come si può vedere dallo schema presente nella Fig. 29. Lo scudo sulla bottiglia mostra come un simbolo personale -un'aquila- qualche volta accompagnasse un distintivo ufficiale. I blasoni musulmani sono spesso colorati con tinte brillanti, se la tecnica con cui erano prodotti lo rendeva possibile, in quanto i colori di un nobile costituivano una parte importante delle sue armi.

In Persia, Siria ed Egitto l'arte tessile -a cui rivolgeremo ora la nostra attenzione- era già ampiamente sviluppata quando gli arabi conquistarono questi paesi. Nelle province aggiunte dell'impero bizantino importanti centri di tessitura producevano tessuti di seta di straordinaria ricchezza e nei loro motivi introducevano molti elementi sasanidi, che cominciarono ad essere utilizzati quando gli artigiani cristiani iniziarono ad imitare i loro vicini. Sebbene gli abiti di seta fossero stati esplicitamente proibiti dal Profeta, i musulmani supportarono le fabbriche di seta già esistenti e ne costruirono delle nuove nei territori conquistati, diventando ben presto leader nella lavorazione della seta in tutto il periodo medievale, come dimostrano chiaramente i nomi con cui molti tessuti erano conosciuti in questo periodo. Questi termini commerciali, che in alcuni casi sono utilizzati anche nella nostra epoca, testimoniano i luoghi distanti in cui questi tessuti erano stati originariamente prodotti o i mercati dove potevano essere acquistati. Così il tessuto conosciuto ai tempi di Chaucer come "fustagno" deriva da Fustat, la prima capitale musulmana d'Egitto. I tessuti che sono chiamati "damascati" prendono il loro nome da Damasco, il grande centro commerciale a cui l'Occidente rimanda molti oggetti prodotti non necessariamente originari del medesimo luogo. La nostra "mussola" è la mussolina importata dai mercanti italiani da Mosul. Baghdad, chiamata nell'italiano antico Baldacco, diede il suo nome ai ricchi tessuti di seta importanti da lì e alla stessa tenda di seta sospesa sopra l'altare in molte chiese, conosciuto come "baldacchino". Nei periodi successivi i tessuti per gli abiti provenienti da Granada erano conosciuti con il nome di "grenadini" nei negozi europei, dove le signore compravano anche il *taftah* persiano, noto con il nome di "taffetà".

Il quartiere di Baghdad chiamato Attabiayh, dove vivevano i discendenti di Attab, pronipote di un compagno del Profeta, era rinomato nel XII secolo per un tessuto speciale che, imitato in Spagna, era conosciuto come seta *attabi*. La Francia e l'Italia lo adottarono come *tabis* e attraverso questo nome commerciale divenne popolare in tutta Europa.

Sebbene a Berlino sia stato conservato un esemplare, che porta il magico nome di Harun al-Rashid, le sete associate con Baghdad sono estremamente rare. Un frammento conservato nella *Collegiata* di San Isidoro a Leon (Fig. 30) riporta un' iscrizione che testimonia che è stato tessuto a Baghdad, forse da un maestro conosciuto come Abu Nasr, un nome che appare, anche se in modo poco chiaro, nel luogo in cui solitamente viene riportato il nome dell'artigiano. Tessuto in rosso, giallo, nero e bianco, il disegno è caratteristico degli antichi motivi islamici risalenti alla fine del X secolo, che mostrano uccelli, animali e foglie ereditati da una tradizione più antica e posti in ampi pannelli circolari. Un elemento prominente, l'elefante, proveniva sicuramente dall'India. Questo animale compare in un antico esemplare di seta persiana scoperto pochi anni fa nella chiesa di un villaggio vicino a Calais, e che adesso costituisce uno dei tesori custoditi nel Museo del Louvre. Può essere inoltre ritrovato in molte imitazioni bizantine dei tessuti persiani, come nella magnificente seta conservata nella tomba di Carlomagno ad Aachen.

In Europa la richiesta dei ricchi tessuti in seta aumentò rapidamente quando si sviluppò il commercio orientale. Tessuti finemente lavorati giunsero dai paesi musulmani in una quantità tale che i mercanti e gli artigiani occidentali videro in questa lucrativa industria una fonte potenziale di ricchezza e, ponendo dei telai in diversi centri, cominciarono a competere seriamente con le fabbriche orientali e spagnole. Dalla Sicilia, dove gli invasori arabi avevano stabilito nel palazzo reale di Palermo una famosa casa di tessitura -che continuò comunque a svilupparsi anche quando l'isola cadde di nuovo sotto il potere cristiano con i Normanni- i primi lavoratori italiani acquisirono la loro conoscenza tecnica ed i modelli per i loro disegni. Durante l'occupazione normanna, la scuola siciliana successivamente trasse beneficio dal contatto con le tradizioni bizantine acquisite quando un gruppo di tessitori greci, fatti prigionieri in occasione di un *raid* nel mare Egeo nel 1147, si stabilirono nei laboratori del palazzo. All'inizio del XIII secolo quella della lavorazione della seta era ancora l'industria principale in molte opulente città italiane dove i tessuti, che molto difficilmente potevano essere distinti dai prodotti siciliani che imitavano, ero prodotti ed ampiamente esportati.

Nel XIV secolo la seta italiana cominciò a riflettere le nuove influenze che a quell'epoca si rispecchiavano nell'arte musulmana. Nel tessuto di seta bianco e blu broccato in oro mostrato nella Fig. 31 possono essere osservati non solo leoni, palme e foglie intrecciate ed altri elementi comuni nelle opere artigianali italiane di questo periodo, ma anche caratteristici dragoni cinesi. La loro comparsa in Europa è dovuta in modo particolare agli eventi che hanno condotto a grandi mutamenti nell'Estremo Oriente. Nel 1280 i nomadi mongoli sotto Kublai Khan, fratello di Hulagu, che aveva rovesciato gli Abbasidi nel 1258, invase la Cina e fondò la dinastia Yuan, che durò fino al 1367. Come risultato di queste conquiste un' ampia porzione dell'Asia, che si estendeva dalla Persia fino al Pacifico, venne governata per circa un secolo dai membri della medesima famiglia mongola, una circostanza che condusse ad un interessante scambio di tradizioni artistiche tra Asia orientale ed occidentale.

In Cina, un'imponente popolazione musulmana era il risultato delle colonie fondate durante la dinastia T'ang che parlava, come accadeva in tutte le zone in cui l'Islam si diffondeva, la lingua araba. La popolazione cinese di religione islamica includeva molti artigiani, tra i quali vi erano anche dei tessitori che, lavorando con le tecniche imparate nell'antica patria della seta, producevano alcuni tessuti che erano altamente richiesti in tutto il mondo islamico. I loro prodotti erano così tanto apprezzati anche dagli occidentali che influenzarono lo sviluppo del disegno tessile musulmano e, attraverso questo canale, i tessuti dell'Europa occidentale. Alcuni esempi di alto artigianato cinese sono pervenuti fino ai giorni nostri e quello più interessante è costituito da un tessuto conservato a Danzig, che probabilmente era stato tessuto per il sultano mamelucco al-Nasir Muhammad ibn Qala'un, il cui nome è riportato nel disegno. Nella Fig. 32 viene mostrato un broccato di seta ed oro di origine cinese, con un motivo composto da fenici e palme con scritte arabe poste in bande tra le linee di un ornamento formale, da cui l'uccello nel disegno mostrato sopra potrebbe essere derivato.

Non solo nel Medioevo ma anche nei periodi successivi le sete orientali erano spesso utilizzate per gli abiti cerimoniali delle chiese. La casula mostrata nella Fig. 33 venne ricavata da un tessuto persiano fatto alla fine del XVI o l'inizio del XVII secolo con una decorazione adeguata all'uso che ne sarebbe stato fatto e che sicuramente non sarebbe stato tollerato in una moschea. I suoi elementi principali sono costituiti da una fila di giovani in abiti di corte che reggono coppe e bottiglie di vino. Tra le figure sono posti motivi ornamentali di foglie e fiori somiglianti a quelli che i ceramisti turchi erano soliti copiare. Negli spazi sono poi posti degli uccelli, che nella fattura sono di chiara derivazione cinese. Il disegno appartiene ad un gruppo di motivi riportati solitamente sui broccati nel periodo safavide. Altri esempi piuttosto elaborati erano ancora più pittorici nel carattere e mostravano episodi tratti dalle storie romantiche, come l'incontro di Khusrau e Shirin o la storia di Laila e Majnun e qualche volta arricchita con paesaggi di alberi in fiore ed arbusti intorno ai quali ruotavano ogni sorta di bestie feroci, che erano disegnati e colorati con capacità artistica e sapiente utilizzo del colore.

I motivi sulle strisce di seta utilizzate per il fregio introducono un interessante serie di disegni tessili prodotti in un periodo in cui tessitori turchi ed italiani si imitavano a vicenda con così tale successo che gli esperti solitamente trovano piuttosto difficile distinguere i tessuti prodotti in Europa da quelli di origine orientale. Sebbene appartenenti ad un'epoca tarda e probabilmente di origine europea, questi manufatti riportano un motivo turco del tipo che sorse in Asia Minore nel XV secolo. Nella loro forma più semplice questi motivi sono composti di bande semplici o decorate, che corrono verticalmente in curve opposte che, unendosi ad intervalli, coprono il tessuto con un disegno somigliante ad una rete. Alcuni esempi hanno ornamenti formali più o meno elaborati posti all'interno delle maglie della rete, come nei modelli sul fregio dorato, mentre in altri simili gli elementi sorgono dalla banda ai loro incroci. Quest'ultima tipologia è visibile nel magnifico broccato di seta della Fig. 34, dove un motivo tessuto in oro, profilato e tinto di blu cobalto, è posto su di uno sfondo cremisi. All'interno degli spazi lasciati liberi dal disegno principale viene posta un'altra rete, da cui spuntano rose, tulipani e narcisi.

Dai pomelli floreali, intesi come il principale elemento in questo disegno, gli italiani hanno sviluppato le decorazioni floreali disegnate esemplificate nella Fig. 35. Durante il XVI secolo i tessitori turchi ed europei, superandosi alternativamente a vicenda, elaborarono molte intricate variazioni del tema della rete e del pomello, e diedero ai ricchi velluti così alla moda in quel periodo lo speciale tipo di motivo che venne associato tradizionalmente con loro.

Il tappeto, ora oggetto di uso comune, giunse in Europa dall'oriente come un lusso riservato solo per ricchi estimatori, che lo consideravano più un tesoro che un oggetto da utilizzare. I tappeti lisci come gli arazzi ed annodati con fili lenti in un tessuto in modo da produrre una superficie simile al velluto, vantavano in oriente una grande antichità e venivano utilizzati come materassi per dormire, come arazzi e per coprire i pavimenti. Dalle rappresentazioni dei tappeti orientali nei dipinti italiani si è dedotto che siano stati esportati in Europa intorno al XIV secolo, mentre nel XVI erano divenuti comuni articoli di commercio.

Nel 1521 il Cardinal Wolsey, attraverso i servigi di un ambasciatore veneziano, si assicurò sessanta tappeti orientali per il suo palazzo in Hampton Court. Costoro probabilmente assomigliavano a degli esempi visti nei dipinti di Holbein, paragonabili ai tappeti tessuti a quel tempo in Asia Minore. Nella *Boughton House*, nel Northamptonshire, sono conservati tre mucchi di tappeti confezionati in modo particolare per Sir Edward Montagu, che riportano la data (1584) e le insegne tessute sul bordo. Questi tappeti, di un tipo conosciuto come tappeto turco, sono decorati con motivi geometrici, colorati in blu, animati nei dettagli in giallo e disposti su un campo rosso.

Nel XVI secolo gli artigiani persiani portarono la tessitura dei tappeti ad altezze mai raggiunte prima o dopo, producendo con strabiliante maestria disegni di incomparabile bellezza. Uno di questi capolavori portato da Ardabil, dove rimase per secoli nella moschea dello Shaykh Safi, il venerato antenato della dinastia Safavide, si trova ora nel Victoria and Albert Museum. La Fig. 36 riporta una porzione di questo colossale tappeto, che mostra una fattura delicatissima ed è stato tessuto con più di un milione di nodi, 380 per ogni centimetro quadrato. Nel centro vi è un ampio medaglione con i bordi seghettati e circondato da pannelli ovali arricchiti da ornamenti di foglie in colori sgargianti. Un quarto dell'elemento centrale è ripetuto in ogni angolo della forma rettangolare, di blu scuro e coperto da gai fiori che spuntano da steli sinuosi, nel mezzo di due lampade rappresentate come sospese in aria dai centri secondari del disegno. Il bordo, costeggiato da rigide linee marginali, è riempito con cerchi e pannelli allungati che, come il campo che ornano, sono pesantemente decorati. In un cartiglio ad un angolo è riportato il verso del poeta Hafiz e sotto vi è scritto: "Opera dello schiavo della soglia, Maqsud di Kashan, nell'anno 946 (1540 d.C.)". Sebbene esistano tappeti più antichi, questo è l'esemplare più antico conosciuto. A questo proposito è importante aggiungere che un posto d'onore è riservato anche ad un fine tappeto persiano, conservato nel Museo Poldi-Pezzoli di Milano, che si dice sia stato tessuto da Ghiyathu-l-Din Jami nel 1521.

Gli artigiani europei hanno imparato come tessere i tappeti dai musulmani, utilizzando all'inizio il tradizionale metodo manuale orientale, sostituendolo successivamente con metodologie puramente meccaniche.

Quando passiamo dalla decorazione della superficie piatta all'ornamento eseguito in rilievo scopriamo che gli intagliatori ed i modellatori musulmani hanno mantenuto il medesimo stile di disegno, che ha governato la loro pratica in altri metodi di espressione tecnica. La diversità di stile a cui siamo abituati nell'ambito delle opere in rilievo europee, dove le influenze scultorie e pittoriche sconosciute nei paesi musulmani sono divenute tradizionali, è assente invece nelle tecniche islamiche, in cui possono essere generalmente individuati modelli ornamentali ripetuti, che sono uguali o simili a quelli tessuti, intarsiati o dipinti. Questi modelli furono adattati a finalità decorative del tutto estranee agli utilizzi europei. Un disegno, che serviva ad arricchire la pagina di un manoscritto miniato o come ornamento in un tessuto di seta, poteva essere considerato adatto anche per essere intagliato nella pietra di una cupola o sulle mura di una moschea. La fontana in marmo bianco della Fig. 37, risalente al 1277-78 ed iscritta con il nome di Muhammad II, sultano di Hama- zio dello storico Abu-l-Fida- mostra in che modo l'intagliatore abbia adattato un tipo di disegno comune a diversi tipi di artigianato per i suoi bisogni. Lo schema è essenzialmente un modello decorativo ripetuto; i suoi elementi possono essere estesi in modo indefinito o lateralmente come un bordo o un fregio, o sia lateralmente che verticalmente come un disegno completo. Un ornamento simile è intagliato sul lungo fregio e nei pannelli del sarcofago di legno di una tomba di uno Sheikh che morì nel 1216. Un lato di questo magnifico esemplare si trova a South Kennsington ed il resto al Cairo.

Nei lavori ad intarsio del periodo fatimide lo sfondo veniva spesso inciso in modo piuttosto profondo e quasi dava l'effetto trapuntato, come è possibile notare nella Fig. 38 di un pannello nel Museo dell'arte araba al Cairo. Sebbene sia stato fatto in Sicilia, il soffitto di legno intagliato riportato nella Fig. 39 ha uno stile fatimide. Oltre a mostrare quale effetto avessero questi pannelli profondamente intarsiati, nel mezzo del fogliame riporta nei motivi ornamentali numerosi uccelli ed animali, motivi ritrovabili spesso nelle opere fatimidi finalizzate alla decorazioni delle corti o di edifici secolari, in cui le figure umane erano comunque utilizzate liberamente.

Questo soffitto segue la caratteristica tecnica di costruzione adottata dai carpentieri islamici, un modello che sorse da considerazioni sia pratiche che decorative. Le condizioni climatiche che rendono il legno facile a deformarsi e a restringersi, unito alla scarsità di legname adatto, hanno fatto sì che i pannelli fossero ridotti alle minime dimensioni possibili, a cui si accompagnò comunque un aumento corrispondente nella struttura di supporto. Per assicurare la stabilità e la varietà dell'interesse nel disegno, si sviluppò un metodo piuttosto elaborato di assemblare i piccoli pannelli in uno schema ben strutturato. Disegni formati da varie forme di poligoni, che si irradiavano da una stella, costituiscono il motivo ornamentale che forse può essere considerato il contributo più caratteristicamente islamico all'arte decorativa. Nella lavorazione del legno, che ha giocato una grande parte nello sviluppo dello stile, trova la sua espressione più completa, anche se questi schemi erano utilizzati da molti artigiani che si dedicavano ad arti differenti. Questo tipo di disegni ebbero una grande influenza in tutto il mondo islamico e, anche se nel periodo tardo mostrarono la tendenza a diventare eccessivamente intricati e a degenerare in forme di geometria spettacolare, le loro forme più semplici costituivano i mezzi più adatti per esprimere i ricchi schemi di colore, in cui il genio musulmano era particolarmente versatile.

Uno schema di questo tipo è visibile nella Fig. 40, ossia un motivo di stelle a dodici punte iscritte all'interno di esagoni. Questo disegno viene sviluppato dalla struttura geometrica riportata nella Fig. 41, tracciata da uno schizzo di Mirza Akbar, architetto dello Shah di Persia all'inizio del XIX secolo, i cui disegni sono in parte conservati nel Victoria and Albert Museum. L'originale struttura geometria, mostrata dalle sottili linee nel diagramma, è graffiata sulla carta con uno strumento appuntito ed il motivo è scritto in inchiostro su questa base. Il metodo utilizzato è istruttivo, in quanto probabilmente riporta un'antica tradizione artigiana, che mostra come i disegnatori orientali si siano dedicati a dei motivi ornamentali che potevano essere realizzati in modi differenti, così come dimostra una considerevole letteratura dedicata appunto a quest'argomento.

Nelle due porte risalenti al XIV ed al XV secolo in Egitto, mostrati nelle Fig. 42 e Fig. 43, i pannelli sono così piccoli che è divenuto possibile sostituire il legno con l'avorio e così ottenere un effetto di superba bellezza. In uno di questi i pannelli sono intarsiati con ornamenti di foglie e nell'altro solo con motivi geometrici. Entrambi costituiscono delle parti di pulpiti simili nel disegno a quello conservato nel *Victoria and Albert Museum*, che venne eretto dal sultano mamelucco Qa'it Bey (1468-95) in una moschea del Cairo demolita nel XIX secolo per fare spazio ad una nuova strada.

Gli artisti musulmani produssero meravigliosi oggetti fatti completamente o in parte di avorio, un materiale che decoravano con ornamenti dipinti, intarsiati o intagliati. Nel X secolo, una scuola d' incisori d'avorio a Cordova lavorava secondo uno stile che tradiva una lunga esperienza. Tra i rimanenti esempi del loro lavoro possiamo citare il contenitore cilindrico (Fig. 44) della cattedrale di Zamora, che ora è conservato nel Museo Archeologico di Madrid. Intorno al coperchio è presente un'iscrizione che attesta che è stato fatto nel 964 per il califfo al-Hakam II come regalo per sua moglie, la madre del principe Abd-al-Rahman. Il più fine esempio di un gruppo che include molti oggetti simili fatti a Cordova nel medesimo periodo è completamente coperto da immagini di palme, pavoni ed altri uccelli ed animali. Alcuni esemplari, ora conservati a Londra e Parigi ed in altri luoghi, sebbene siano piuttosto simili nella forma e nella fattura, hanno diversi ornamenti, in quanto sono stati intagliati con circoli che s'intersecano, come il disegno sul contenitore rettangolare di avorio nella Fig. 45. Questo pezzo costituisce l'opera di diversi artigiani, i nomi di due dei quali -Khayr e Ubayda- possono essere letti sui pannelli che hanno intagliato. Quest'oggetto venne forgiato nel 1005 per un funzionario di corte, il cui nome e titolo erano molto probabilmente iscritti sul coperchio.

Un altro tipo di opera in avorio è presente nella Fig. 46, una scatola circolare con ornamenti geometrici intagliati sull'intera superficie dell'oggetto. Questo oggetto si ritiene sia un esemplare appartenenete ad una serie fatta nel Cairo nel XIV secolo. Risalenti al XIII secolo e piuttosto vagamente descritti come "siculo-arabi" sono un certo numero di semplici scatole cilindriche e rettangolari dipinte in oro ed altri colori con cerchi pieni di motivi intrecciati o con figure, animali e uccelli, fiori ed alberi in uno stile che ricorda i manoscritti miniati.

I contenitori d'avorio, sia intagliati che intarsiati, venivano utilizzati come porta-gioielli, porta profumi o per altre finalità simili. Inoltre erano spesso fatti, come dimostra l'iscrizione, specialmente per essere regalati. I più antichi costituiscono forse gli esempi più interessanti dell'arte islamica ai suoi inizi. Molti ci sono pervenuti del tutto integri, ma giudicando dalle tracce di colori visibili su alcuni esemplari, è possibile che gli oggetti intagliati fossero originariamente dipinti con oro ed altri colori. Alcuni conservano ancora i loro cardini e chiusure metalliche, che costituiscono degli interessanti esempi di un ambito minore dell'arte della lavorazione dei metalli.

Come ultimo esempio dell'abilità dei musulmani nell'intaglio, nella Fig. 47 è visibile una brocca di cristallo di roccia appartenente al tesoro di San Marco a Venezia. Quest'opera superba è storicamente importante, in quanto riporta il nome di al-Aziz, il secondo califfo fatimide d'Egitto, e probabilmente potrebbe essere una delle brocche di cristallo menzionate nell'inventario di al-Maqrizi dei tesori andati perduti nel 1067, in quanto riportano il nome di questo califfo. La fattura ed il disegno costituiscono una degna memoria di un periodo che ha segnato un'epoca nell'arte islamica.

Tra gli oggetti di uso comune, che debbono qualcosa della loro sostanza, tecnica o disegno all'Islam, i nostri libri stampati sono probabilmente i più diffusi. Sebbene ad uno sguardo superficiale la loro connessione con l'Oriente potrebbe apparire remota, i metodi moderni della produzione libraria hanno beneficato molto dell'abilità e capacità dei musulmani. Solo in tempi recenti, infatti, la letteratura islamica ha cominciato ad essere riprodotta attraverso mezzi meccanici o attraverso la tipografia o la litografia; quest'ultimo processo è stato favorito in modo particolare, in quanto conserva l'opera dello scriba, il più onorato degli artigiani. Però, benché la stampa venne diffusa in Europa molto prima che nei paesi islamici, dobbiamo all'Oriente un materiale che ha avuto un ruolo fondamentale nel suo sviluppo. La carta, un'antica invenzione cinese, venne conosciuta dai musulmani quando conquistarono Samarcanda nel 704 ed impararono come riprodurla dagli artigiani cinesi. Il suo utilizzo si diffuse in occidente attraverso l'Islam. Un numero considerevole di manoscritti arabi scritti su carta risalgono al IX secolo, ma non fu importata nell'Europa cristiana fino al XII secolo e nel XIII, periodo in cui il loro utilizzo era ancora alquanto raro. Le prime fabbriche europee di carta furono fondate dai musulmani in Spagna ed in Sicilia, da dove poi passarono in Italia.

Quando nel XV secolo la produzione libraria venne commercializzata attraverso l'introduzione di mezzi di produzione meccanici, la carta divenne un materiale essenziale nella fattura dei libri stampati, senza il quale la stampa non avrebbe sicuramente potuto progredire. Inoltre, il tipografo moderno non è in debito con i musulmani solo per la carta. Nel XV secolo, quando Venezia era molto attiva nell'adozione e nella diffusione di stili e modelli artistici musulmani, i libri rilegati nelle botteghe italiane assunsero un aspetto decisamente orientale. In questo periodo, alcuni volumi assunsero una peculiarità comune nelle rilegature islamiche, ossia la falda che si piega per proteggere i bordi frontali.

Un'altra innovazione ispirata dall'opera musulmana è un nuovo metodo per decorare le copertine in pelle. Nel Medioevo i rilegatori europei spesse volte impreziosivano le copertine di pelle imprimendo su di loro dei disegni attraverso degli stampi metallici, un processo che sviluppò degli schemi precisi quando i timbri divennero più grandi e più elaborati nel disegno e le unità disegnate con accuratezza, che davano la possibilità di ripetere dei modelli o sull'intera superficie o sui bordi, cominciarono ad essere generalmente impiegati. Però i motivi ornamentali lavorati attraverso gli utensili a cieco erano riprodotti solo in rilievo fino a quando gli artigiani orientali cominciarono ad arricchire i disegni con la tinta color oro, una pratica introdotta in Europa dagli artigiani musulmani che abitavano a Venezia. Verso la fine del XV secolo questo metodo venne rimpiazzato da un nuovo processo, in cui l'oro era fissato in modo permanente attraverso la foglia d'oro. Questa nuova tecnica pare abbia avuto origine in Cordova. Nel XVI secolo era utilizzata sia dagli artigiani librari cristiani che musulmani, sebbene l'antica tecnica orientale d'impiegare l'oro non fu mai abbandonata completamente.

Il risultato ottenuto con la tecnica più antica può essere ammirato nei motivi lavorati alla fine del XIV o inizio del XV secolo, di cui nella Fig. 48 è riportato un esempio. Si tratta di un meraviglioso disegno chiaro e delicato eseguito pazientemente attraverso una serie di pressioni con pochi semplici attrezzi. La Fig. 49 mostra invece altri processi decorativi utilizzati dagli artigiani orientali cronologicamente collocabili in un periodo precedente al XVII secolo, a cui risale invece la produzione di questo esemplare. La copertina di pelle color cremisi riporta una figura stampata al centro ed arricchita di oro, sotto e sopra, ed in ogni angolo sono formate delle pennellate celate sotto la superficie e decorate con ornamenti che somigliano a pizzi tagliati da sottile pelle bianca ed incollati su di una superficie nera. Un paesaggio formale, con alberi, uccelli ed animali -tra i quali vi è un drago dall'estremo oriente- è dipinto in oro su di una semplice superficie. La copertina veneziana risalente al XVI secolo della Fig. 50 riporta simili pannelli e motivi ornamentali chiaramente imitati da un modello persiano.

La rilegatura egiziana ha un pannello ovale centrale, che è riportato per un quarto in ogni lato, mentre la copertina persiana è decorata con una variante del medesimo schema che, come abbiamo avuto modo di osservare precedentemente, è comune a molte opere di artigianato. Un disegno simile, con ornamenti centrali ed angolari di origine islamica e lavori lineari di ispirazione orientale, è riportato in oro su di una copertina veneziana risalente al 1546, mostrata nella Fig. 52 . La stessa struttura compare poi in un tardo esemplare tedesco, Fig. 53, sebbene i dettagli siano stati modificati secondo le mode contemporanee europee.

Queste quattro tipologie di rilegatura tracciano lo sviluppo di determinati processi tecnici che, dopo aver avuto origine nelle terre musulmane, hanno trovato posto nelle botteghe europee ed hanno portato con loro disegni e motivi ornamentali che, con cambiamenti minimi, sono diventati ormai parte della pratica moderna. La doratura ed i caratteri, osservabili sulle più costose copertine in pelle, vengono resi attraverso tecniche perfezionate dagli artigiani musulmani e, quando, nel XIX secolo, le copertine prodotte in maniera meccanica cominciarono a sostituire quelle fatte a mano, le macchine riprodussero per la maggior parte modelli operativi che possono essere ricondotti ad un'origine islamica.

I motivi "marmorizzati" gaiamente colorati così comuni sui risguardi, sulle copertine e sugli angoli dei libri rilegati nelle botteghe europee nel XVIII secolo derivavano direttamente da fonti orientali. Delicati esempi di questi motivi compaiono su strisce di carta incollate lungo i margini di disegni musulmani ed esemplari di calligrafia incorniciati durante il XVI secolo per estimatori, il cui gusto particolare domandava delle cornici speciali per i loro tesori. Carte marmorizzate erano conosciute in Inghilterra al tempo di Bacone, il quale testimonia che: "I turchi possiedono una graziosa arte di marmorizzare la carta, che noi non utilizziamo. Costoro prendono dei colori sciolti nell'acqua e poi in gocce li distribuiscono sulla carta, che deve certamente essere piuttosto spessa. In questo modo la carta diviene ondulata e venata come il marmo". I libri rilegati in occidente verso la fine del XVI secolo riportano i risguardi importati dall'oriente, in quanto solo nel secolo successivo gli artigiani cominciarono a produrle in maniera autonoma. Carte marmorizzate fatte a mano sono adesso utilizzate piuttosto raramente, ma delle imitazioni più o meno maldestre vengono impiegate per il medesimo scopo.

Per più di mille anni, l'Europa ha guardato con grande meraviglia ed ammirazione all'arte islamica. Questo accadde perché prima di tutto era associata alle terre, che venivano ritenute un'eredità cristiana, ma successivamente solo ed unicamente a causa della loro intrinseca bellezza. Molti esemplari debbono la loro preservazione alla religiosità medievale, in quanto molti di essi sono stati conservati nelle chiese dove per esempio un contenitore, che era servito come porta-gioielli di un califfo, divenne il depositario di sacre reliquie, probabilmente importate dalla terra santa avvolte in uno scampolo di splendida seta ricavato da un tessuto da cerimonia musulmano. Il rispetto con cui questi oggetti erano trattati deriva principalmente dalle strane figure e dalle misteriose frasi scritte su di esse, che venivano ritenute qualche volta essere talismani e lettere nella tradizione di Salomone. Qualche volta si pensava che risalissero alla sua epoca, in quanto nel Medioevo l'archeologia aveva un carattere prevalentemente romantico e chiaramente poco scientifico. Solo nel secolo scorso la fredda luce della ricerca gettò dei dubbi sulle leggende, che per lungo tempo avevano circondato alcuni magnifici tesori come i doni di Harun al-Rashid a Carlomagno o acquistati da Luigi IX in Terra Santa. Comunque, sebbene questi oggetti fossero visti sotto una luce errata, tuttavia la loro magnificenza era del tutto reale. Erano capolavori che ogni artigiano teneva in grande onore, ed erano sempre di grande ispirazione per coloro che si dedicavano a quelle arti che in occidente erano state del tutto abbandonate.

Lo scambio tra cristiani e musulmani avvenne in un periodo precedente le crociate. In Spagna, l'Islam si stabilì sulle frontiere dell'Europa occidentale, da dove ha esercitato una profonda influenza sulla cultura cristiana. In Sicilia, le due religioni occupavano un terreno comune, mentre il Nord Africa era completamente governato dai musulmani, le cui navi percorrevano il Mediterraneo.

Con le crociate si aprì una nuova epoca. La magnificenza quasi mitica attribuita ai musulmani divenne una realtà davanti agli occhi attoniti della cristianità. Gli europei vennero in contatto con un ordine sociale, che sotto diversi aspetti oltrepassava di molto i limiti angusti della loro esperienza. Le reazioni conseguenti all'impatto con il progresso straniero cominciarono presto a manifestarsi in ogni attività, e nel campo dell'arte ebbero una diffusione importante e duratura. Al tempo in cui i mercanti italiani stabilirono un traffico diretto con i porti della Siria, il commercio orientale divenne regolarmente organizzato, e tutti i rari oggetti provenienti dalle botteghe e laboratori musulmani arrivarono nei mercati europei.

Questi prodotti importati andarono incontro a nuovi bisogni, stimolarono l'emulazione dovunque giungessero ed aprirono linee di sviluppo o immediatamente o in modo più discreto destinato comunque a maturare in futuro.

Durante quel periodo critico, in cui l'occidente stava emergendo dalle condizioni medievali, forze sorte e stimolate dall'entusiasmo religioso entrarono in una nuova fase dinamica incentrata interamente sull'attività commerciale. Nel XV secolo gli artigiani europei, spinti dal successo dei musulmani in quelle arti suntuose e lucrative che erano divenute essenziali allo splendore rinascimentale, si volsero verso l'Oriente con rinnovato interesse. Mossi da uno studio più approfondito delle metodologie islamiche, rinnovarono ed ampliarono le loro stesse tecniche e così molto presto non si accontentarono di riprodurre gli elementi ornamentali di cui venivano a conoscenza. Cominciarono quindi a studiare con attenzione i canoni di disegno islamici al fine di adattarli ad un nuovo spirito che fosse completamente europeo. Non solo umili artigiani, ma anche grandi artisti e geni del calibro di Leonardo da Vinci si dedicarono alla sperimentazione con i modelli ornamentali orientali, come mostra il complesso disegno riportato nella Fig. 53.

Queste innovazioni non erano sempre il risultato di un'osservazione diretta, in quanto all'inizio del XVI secolo sorse un nuovo metodo di diffondere l'ispirazione, ossia il libro dei modelli prodotto grazie all'invenzione della stampa. Attraverso le collezioni degli esemplari dei maestri disegnatori le ricerche nel nuovo stile vennero conosciute anche da coloro per cui era estremamente difficoltoso accedere alle fonti originali. Una delle opere più interessanti di questo tipo è il raro volume di Francesco di Pellegrino, i cui esemplari sono derivati interamente dai modelli islamici.

Da questo e da libri contemporanei dello stesso tipo, come quelli di Peter Flotner, Virgil Solis, Martinus Petrus ed altri, è istruttivo rivolgere l'attenzione ai disegni di Holbein per gli orefici e gli altri artigiani, in cui le ispirazioni musulmane sono trasformate in uno stile originale.

Nel XVII e XVIII secolo le imprese inglesi e olandesi raccoglievano i frutti delle avventure di Vasco de Gama nelle Indie. Un nuovo flusso commerciale fluì direttamente dall'Oriente ed influenzò l'artigianato connesso con gli aspetti della vita quotidiana che, suscitando una domanda crescente, ora venivano organizzati in modi che facevano prevedere dei moderni sviluppi industriali. Dall'Asia musulmana sono giunti molteplici oggetti apparentemente insignificanti che, diventando delle necessità, hanno incontrato non solo il favore europeo, ma si sono diffusi in tutto il mondo civilizzato. Carichi di cotone e di tessuti stampati con motivi dai colori gai hanno introdotto una nuova moda nel tessile che, sviluppatosi nelle sartorie di Parigi, ha fornito alle signore del tempo della Regina Anna graziose stoffe e, successivamente, ha portato ricchezza a Manchester. I nuovi scialli, così come indica il loro nome, giungevano dalla Persia. Alcune tipologie di caffettiere e teiere, imitate forse dalle brocche moghul portate dall'India da ricchi principi, erano ancora alquanto comuni sulle tavole di epoca vittoriana e si sono mantenute fino ad oggi anche se con forme differenti.

Dall'avvento stesso dell'Islam, la religiosità occidentale, la conoscenza, il commercio e la curiosità hanno trovato qualcosa di loro gusto nei prodotti dell'abilità musulmana.

Artisti quali Odericus di Roma, che nel 1286 riprodusse dei motivi islamici nel pavimento di marmo del presbiterio dell'Abbazia di Westminster, e William Morris, che ne introdusse un altro nel suo velluto del 1884, insieme a molti altri hanno rinnovato l'arte occidentale attraverso quella islamica, attingendo da un fondo che è stato per noi una rendita piuttosto che un lascito.

Fig. 1: Astrolabio, Toledo, Andalusia, 1067

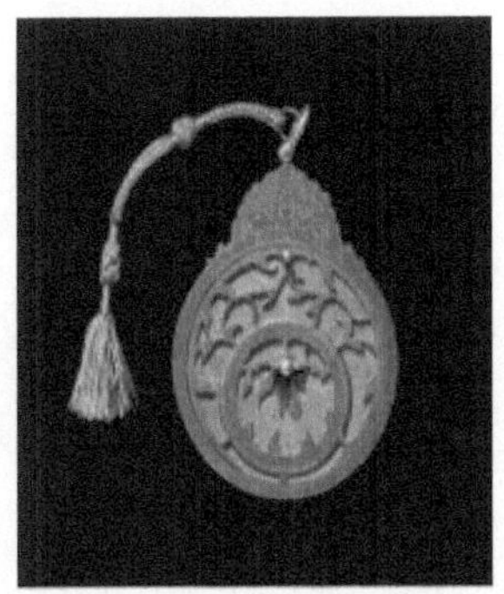

Fig. 2: Astrolabio, Iran, 1730, American Museum of Natural History

Fig. 3: Forziere conservato nella cattedrale di Gerona, Spagna

Fig.4: Il grande grifone
di bronzo, Campo santo di Pisa

Fig. 5: Brocca in ottone, Musul, 1232
British Museum

Fig.6: Astuccio, Scuola di Mosul 1281, British Museum

Fig. 7: Bacile di ottone intarsiato d'argento fatto per il sultan an-Nasir, Egitto

Fig. 8: Vassoio di ottone intarsiato, Venezia, XIV secolo, Czartoryskich Museum

Fig. 9: Pentola e co-
perchio, Iran nord-oc-
cidentale o Anatolia
sud-orientale

Fig. 10: Ciotola in
ceramica, IX secolo,
Iraq

Fig. 11: Ciotola di terracotta, Iran, XI secolo,
Philadelphia Museum
of Art

Fig. 12: Vaso di terra-
cotta dipinto, Epoca
fatimide, XI secolo,
Musèe du Louvre,
Paris

Fig. 13: Ciotola, Iran centrale o settentrionale,
XII-XIII secolo,
The Metropolitan Museum of Art

Fig. 14: Coppa di terracotta dipinta con colori ed
oro, Ray, XIII secolo, Musée du Louvre

Fig. 15: Vaso di terracotta dipinta, Sultanabad, XIII o
XIV secolo, Victoria and Albert Museum

Fig. 16: Albarello di Terracotta, XV secolo, Faenza, Victoria and Albert Museum

Fig. 17: Piatto di terracotta dipinto di giallo e di blu, Valencia, XV secolo, Victoria and Albert Museum

Fig. 18-19-20: Mattonelle di terracotta dipinte,
Asia Minore, XVI secolo

Fig. 21: Pannello di mattonelle in terracotta,
Damasco, XVI secolo, Musée des Arts Décoratifs,
Paris

Fig. 22: Bottiglia di terracotta dipinta, Asia Minore, XVI secolo, British Museum

Fig. 23: Pannello di mattonelle in terracotta, Damasco, XVI secolo

Fig. 24: Brocca di terracotta dipinta, Damasco, XVI
secolo, Ashmolean Museum, Oxford

Fig. 25: Coppa di vetro smaltato, Siria, XIII secolo,
British Museum

Fig. 26: Bottiglia di vetro smaltata, Siria, XIV
secolo, Musée du Louvre

Fig. 27: Ciotola di vetro con coperchio smaltato, Siria, XIV secolo, British Museum

Fig. 28: Simboli araldici musulmani

Fig. 29: Rappresentazione diagrammatica di una scatola per la scrittura

Fig. 30: Tessuto di seta, Baghdad, X-XI secolo, Colegiata de San Isidoro, Leon

Fig. 31: Tessuto di seta, Italia, XIV secolo, Kunstgewrebe Museum, Berlin

Fig. 32: Tessuto di seta, Cina, XII-XIV secolo

Fig. 33: Casula di seta persiana, XVI secolo, Musée des Arts Décoratifs, Paris

Fig. 34: Broccato di seta, Italia, XVI secolo,
Victoria and Albert Museum

Fig. 35: Velluto di seta, Italia, Tessuto da William
Morris, 1884, Victoria and Albert Museum

Fig. 36: Particolare del tappeto della moschea di Ardabil, Persia, 1540, Victoria and Albert Museum

Fig. 37: Bacile di marmo per fontana, Siria, 1277-8
Victoria and Albert Museum

Fig. 38: Esempio di pannello di legni intarsiato,
Cairo, XI secolo, Museo dell'arte islamica, Cairo

Fig. 39: Soffitto di legno intarsiato,
XI secolo, Cappella Palatina, Palermo

Fig. 40: Motivo geometrico

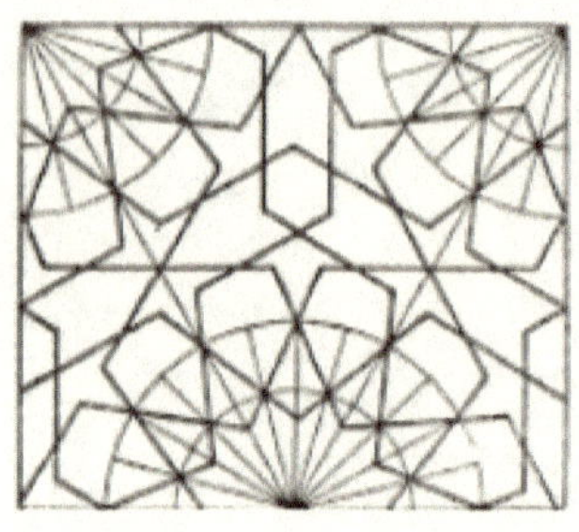

Fig. 41: Disegno di
Mirza Akbar, Persia,
XIX secolo

Fig. 42-43: Pannelli di
porte con avorio intarsiato,
Cairo, XV secolo, Victoria
and Albert Museum

Fig. 44: Contenitore d'avorio intarsiato
Cordova, 964, Museo Arqueologico, Madrid

Fig. 45: Forziere in avorio intarsiato, Cordoba, 1005,
Cattedrale di Pamplona

Fig. 46: Scatola in avo-
rio,
Cairo (?), XVI secolo,
British Museum

Fig. 47: Brocca di cristallo di roccia, Fatimide,
X secolo, Tesoro di San Marco, Venezia

Fig. 48: Interno di una copertina di pelle, Cairo
XIV-XV secolo, Victoria and Albert Museum

Esemplari di copertine in pelle
Fig. 49, Persia, XVII secolo, Fig. 50, Venezia, XVI secolo
Fig. 51, Venezia, 1546, Fig. 52, Germania, XVI secolo

L' architettura islamica

Martin S. Briggs

Una generazione fa sarebbe stato possibile stimare con una certa sicurezza il contributo del mondo islamico all'architettura, ma tra gli studiosi contemporanei vi sono molti dubbi relativamente a diversi aspetti dell'architettura islamica che non ci consentono di poterci esprimere con piena esattezza scientifica. Sfortunatamente molti studi recenti, che avrebbero dovuto gettare luce su determinati punti, ci sono stati presentati nella forma di argomentazioni polemiche. Queste argomentazioni concernono non solo la natura dell'architettura musulmana nel periodo del suo sviluppo, ma anche ed in modo particolare le sue origini e l'influsso esercitato sull'architettura occidentale.

Molti elementi nell'architettura musulmana sono stati dedotti da fonti non-islamiche e per questa ragione alcuni studiosi sostengono che i musulmani abbiano solo preso in prestito le forme architettoniche sviluppate in altre civiltà senza produrne nessuna. Per arrivare comunque ad una conclusione su questo punto fondamentale, è necessario per prima cosa tentare di tracciare un breve profilo sull'origine e sulla natura dell'architettura islamica in generale.

Gli arabi, che in mezzo secolo si diffusero come una tempesta dal deserto dell'Hijaz fino alle Colonne di Ercole in occidente ed i confini dell'India in oriente, conquistarono dei paesi che avevano una civiltà già alquanto sviluppata. I loro domini si estendevano su di una superficie più ampia di quella dell'impero romano e abbracciavano molti paesi, la cui architettura era diversa da quella di Roma ed in alcuni casi persino molto più antica.

Qualsivoglia posizione s' intenda assumere nell'amara controversia tra coloro che credevano nell'origine prettamente romana della nostra architettura occidentale e coloro che invece attribuiscono ogni influsso all'Iran o all'Armenia, sta divenendo ormai chiaro che quest'ultima scuola di pensiero è degna della massima attenzione. Una serie di notevoli scoperte in Armenia, Mesopotamia e Turkistan hanno gettato dubbi sulla concezione relativa alla fonte romana dell'architettura occidentale. Probabilmente la Chiesa per secoli ha incoraggiato la credenza che i nostri edifici romanici e gotici siano sorti dalle ceneri della Roma imperiale, concezione supportata anche dagli umanisti del Rinascimento. Però, qualsivoglia sia stata la causa, è evidente che adesso c'è bisogno di guardare verso Oriente con una mente imparziale, liberandoci nello stesso tempo dall'attitudine di considerarlo come un'entità singola.

Dei territori conquistati dagli Arabi, la Siria, parte dell'Armenia e la parte abitabile del Nord Africa, incluso l'Egitto, appartenevano ai territori orientali dell'Impero. La Spagna venne strappata ai Visigoti, anche se precedentemente era stata una provincia romana, mentre le terre dalla Mesopotamia dalla Mesopotamia al Turkistan e all'Afghanistan costituivano il regno sasanide di Chosroes II. La cristianità si era diffusa in questa vasta area geografica fino alla frontiera orientale dell'Armenia e della Siria, come dimostra la presenza di una cattedrale risalente al VI secolo a San'a in Yemen. I conquistatori, quindi, trovarono dei costruttori piuttosto abili in ognuna di queste province ed un gran numero di edifici che costoro, come i copti e i cristiani visigoti prima di loro, utilizzarono liberamente come cave da cui trarre i più diversi materiali. Bisogna inoltre ricordare che gli arabi impiegarono gli artigiani e costruttori locali che erano soliti costruire nella parte orientale dell'impero secondo uno stile architettonico differente rispetto a quello romano e che, secondo alcuni, influenzò quello bizantino in quegli elementi che lo differenziano da quello di Roma.

Non c'è bisogno di discutere il punto di vista comunemente e a ragione sostenuto secondo cui i primi conquistatori arabi non avevano alcuna abilità o gusto architettonico. Inoltre, costoro erano per la maggior parte dei nomadi e, anche se abbandonarono il campo di battaglia per assumere le redini del governo, inevitabilmente fecero affidamento sulla capacità tecnica dei costruttori del posto oppure su quella di artigiani condotti da un luogo conquistato ad un altro. Infatti, sappiamo che gli scalpellini armeni furono impiegati non solo in Egitto ma anche in Spagna e forse nella stessa chiesa di Germigny-des-Pres in Francia risalente al IX secolo (Fig. 1), che presenta molte caratteristiche presenti nell'architettura islamica. Però nonostante la probabile ignoranza architettonica degli arabi nei primi anni delle conquiste, non è comunque possibile negare che l'architettura islamica nei secoli ed in tutti i paesi abbia mantenuto una propria individualità, anche se le sue origini erano così diverse.

Vi era quindi un elemento di differenziazione rispetto all'opera individuale di tutti i capomastri locali, le cui tecniche di costruzione furono comunque essenziali alla sua stessa nascita.

Il fattore che ha tramutato e ha saldato un insieme di varie modalità di costruzione in uno stile in possesso di determinate caratteristiche fu probabilmente la fede islamica. Gli edifici eretti dagli arabi nei primi secoli erano prevalentemente moschee e palazzi e molti dei lavori architettonici dei periodi successivi continuarono a mantenersi sulla stessa linea. La moschea rappresentava il tipico e principale edificio arabo che differiva nelle diverse località, pur mantenendo comunque le sue caratteristiche principali. L'annuale pellegrinaggio alla Mecca da tutte le parti del mondo islamico indubbiamente contribuì alla standardizzazione della forma della moschea, perché in ogni paese, in cui il pellegrino passava nel corso del suo lungo viaggio, avrebbe dovuto assolvere alle proprie preghiere nella moschea locale, che doveva necessariamente essere riconoscibile come tale.

La prima moschea di Medina, edificata da Muhammad nel 622, era il prototipo di tutte le altre. Era costituita da una superficie quadrata racchiusa da mura di mattoni o di pietre. Una parte di essa, probabilmente la parte settentrionale in cui il Profeta guidava la preghiera, era coperta da una tettoia. La tettoia era costruita probabilmente con foglie di palma coperte con fango ed adagiate su tronchi anch'essi di palma. La congregazione pregava verso nord, in direzione della città santa di Gerusalemme, direzione che probabilmente era indicata da qualche segno visibile. Nel 624 la direzione della preghiera fu cambiata da Gerusalemme alla Mecca, ossia da nord a sud. In un edificio così elementare non vi era alcun bisogno di prendere in prestito elementi architettonici da nessun altro luogo, in quanto propriamente non vi era bisogno di caratteristiche particolari.

La moschea successiva, costruita a Kufa in Mesopotamia nel 639 (Fig. 2), aveva il tetto costruito su colonne di marmo prese dal palazzo dei re persiani ad Hirah ed una forma rettangolare, ma era circondata da un fossato piuttosto che da un muro. Una moschea più piccola venne fondata da Amr a Fustad (Cairo) nel 642. Aveva una pianta quadrata, e probabilmente mancava di uno spazio aperto (*sahn*), ma conteneva un elemento nuovo, un alto pulpito (*minbar*). Pochi anni dopo venne introdotta una *maqsurah* (una grata di legno) per separare l'Imam dal corpo dei fedeli. I minareti apparvero alla fine del secolo e le mihrab o nicchie che indicavano la direzione della preghiera (*qiblah*) in un periodo di poco successivo . Così, dopo ottanta o novant' anni dalla costruzione di quella di Medina, tutte le caratteristiche essenziali della moschea si erano evolute e sviluppate. Le minori aggiunte erano costitute dal *liwanat*, ossia colonne o arcate che circondavano il *sahn* per fare ombra e tutti gli elementi necessari per completare le abluzioni.

Questa breve lista include tutti i requisiti necessari affinché un edificio di questo tipo potesse essere definito una moschea.

Nessuno degli edifici menzionati ha mantenuto la sua struttura originaria e anche le loro planimetrie sono andate perdute nelle successive modifiche. La planimetria costituiva però la parte più importante in quanto la moschea primitiva poteva essere appena considerata un edificio e certamente men che meno un'opera architettonica nel senso in cui noi la intendiamo ora. Ciononostante, M. van Berchem ha suggerito che persino questa struttura elementare debba essere ricondotta a quella delle prime chiese: il *sahn* derivava dall'*atrium*, il *liwan* principale dalla vera e propria chiesa, la *maqsurah* dal paravento del coro, il minareto dalla torre, mentre il mihrab dall'abside. Queste congetture sembrano comunque sia poco necessarie sia poco adeguate.

Il passaggio dalla semplice necessità allo splendore fu veramente rapido, ed ancora più sorprendente quando si pensa all'austerità del culto islamico e alla vita condotta dai suoi seguaci. Dopo circa venti anni dalla morte di Muhammad, la sua stessa moschea a Medina venne ricostruita con mura e piloni di pietra rivestita. E negli ultimi anni del VII secolo venne costruita vicino alla semplice moschea fatta edificare a Gerusalemme dal califfo Umar, dopo che la città venne conquistata nel 639, la magnifica "Cupola della Roccia", un edificio di impressionante grandezza e di carattere monumentale, magnificamente decorato (Fig. 3). A questo punto cadiamo nel cuore dell'acuta controversia elativa all'origine dell'architettura musulmana. La cupola della roccia (*Qubbat al-Sakhrah* in arabo) era un elaborato edificio di pietra, o meglio un *mashhad* (luogo della testimonianza), da dove la tradizione voleva che il Profeta Muhammad avesse compiuto la sua ascesa al cielo. Inoltre, questo edificio rimase in un certo senso unico in quanto per quattro secoli non vi fu alcun tentativo importante di distaccarsi dal normale modello della moschea del venerdì con il suo tipico spazio aperto. Inoltre, è stato assunto, forse in modo troppo frettoloso, che la cupola della roccia costituisca un esempio di architettura romana o bizantina, a sua volta copiata da prototipi pagani o cristiani, eseguita da artigiani e carpentieri cristiani e quindi come un'opera di architettura straniera che si pone al di fuori della corrente principale dell'arte araba. Vi è una misura di verità in queste considerazioni, anche se è meglio evitare di spingere questa teoria alle conseguenze estreme.

Nell'evoluzione di questa tipologia di edifici con una navata rotonda, gli arabi avevano in mente una finalità ben definita. Costoro desideravano glorificare e proteggere la sacra roccia di Gerusalemme, che era stata un oggetto di devozione sia per i musulmani che per gli ebrei. Inoltre, desideravano erigere un edificio capace di rivaleggiare e superare in bellezza la chiesa cristiana del Santo Sepolcro, che si trova piuttosto vicina.

La nuova *mashhad* venne posta nel mezzo di uno spazioso altopiano roccioso, conosciuto come l'Haram al-Sharif, o il "Santo santuario", su una grande terrazza o *podium*. "Allineata con esso sull' asse centrale del piano vi era già una moschea, conosciuta come al-Aqsa, un edificio primitivo, la cui origine è troppo complessa per poter essere qui discussa. Nella scelta della cupola, o più precisamente la "annular rotunda", per la forma distinta del loro santuario, gli arabi hanno mostrato una buona capacità di giudizio; comunque è vero che la cupola era stata utilizzata come elemento culminante in un edificio destinato a proteggere la tomba o altri luoghi degni di una particolare venerazione sia dai Romani che dai Bizantini in epoca immediatamente precedente.

Costoro però non erano gli unici costruttori di cupole sulla terra e Strzygoski ritiene che il duomo orientale abbia avuto la sua origine in Asia Minore o nell'Estremo oriente, passando attraverso l'Armenia verso Bisanzio, e quindi ai Balcani ed in Russia sotto il patrocinio della Chiesa greca. Quindi, sebbene gli arabi in questa struttura utilizzarono la cupola per la prima volta, adottarono una caratteristica che non era né esclusivamente romana né esclusivamente cristiana, ma era stata invece copiata dalla famosa cupola dell' Anastasis, che era adiacente e quasi della medesima grandezza. Certamente vi erano delle chiese con delle cupole sia in Siria che in Armenia molto prima della fine del VII secolo e le chiese somiglianti nella planimetria alla Cupola della Roccia, ossia una rotonda con un ottagono, già esistevano in Palestina. Le mura sono costruite di pietra solida, gli archi delle arcate interne e delle aperture sono semi-circolari e la totalità delle colonne utilizzate nelle due arcate sono antiche e prese da altri edifici, pagani o cristiani. Per questa ragione né le colonne né i capitelli di queste colonne presentano uno stile uniforme. Nel mezzo dei punti di derivazione degli archi vi sono dei grandi montanti di legno, probabilmente introdotti per renderli resistenti ai terremoti piuttosto comuni in quella regione oppure perché i costruttori non avevano fiducia unicamente nell'arco: precauzioni di questo tipo sono comunque rintracciabili anche negli edifici bizantini. Il duomo stesso è duplice e costruito interamente di legno, coperto esternamente di piombo ed internamente d' intonaco modellato e colorato, anche se non costituisce la struttura originaria. Gran parte del mosaico è originaria, ma la maggior parte delle decorazioni rimanenti risale ad un periodo successivo. Quindi, possiamo affermare che nella Cupola della Roccia le innovazioni siano costituite dalla pianta a cupola, l'utilizzo degli archi semicircolari, le traverse di legno e forse i mosaici. L'arco semicircolare non era un'invenzione araba, le traverse costituiscono un elemento di dubbia provenienza, mentre l'utilizzo dei mosaici appartiene ad un'epoca pre-islamica.

Dopo la Cupola della Roccia, l'edificio musulmano più importante in ordine cronologico è la Grande Moschea di Damasco eretta nei primi anni dell'VIII secolo (Fig. 4). Il *liwan* principale è formato da uno spazio sopraelevato con paraventi negli archi, che lo separano dal *sahn*, a sua volta circondato da portici. Le nuove caratteristiche in questa moschea sono numerose. I *liwan* principali hanno tre navate attraversate da un transetto centrale, nel mezzo del quale si trova la cupola. Alla fine del transetto, al centro del muro a sud del *liwan* principale, si trova la *mihrab* indicante la direzione della Mecca. Le arcate che circondano il cortile centrale sono in parte poste su pilastri ed in parte su colonne, mentre gli archi sono a ferro di cavallo, una forma destinata a diventare la caratteristica dell'architettura occidentale musulmana, per alcune ragioni di non immediata comprensibilità. Un ferro di cavallo sulla sommità può essere rotondo o a punta, ma in entrambi i casi la sua curva è condotta in basso al di sotto del "piano d'imposta". In Damasco è utilizzato un arco a ferro di cavallo circolare. Al di sopra dell'arcata principale, tutto intorno al *sahn*, vi è una fila di finestre semicircolari, due per ogni arco. Delle quattro torri romane che una volta svettavano agli angoli del *temenos*, all'interno del quale la moschea venne costruita, e che erano utilizzati dagli arabi come minareti, solo uno (all'angolo sud-occidentale) permane, mentre gli altri risalgono ad un'epoca più tarda. L'interno dell'edificio era riccamente decorato con marmi, mosaici e finestre di vetro colorato. La pianta inusuale di questa moschea può essere stata influenzata dalla disposizione delle chiese siriane trasformate in moschee e l'introduzione di una cupola e di un transetto nel mezzo del santuario può costituire la prova di un desiderio di accrescere l'importanza della *qiblah*, ora indicata per la terza volta da un mihrab. Il mihrab di per se stesso deve aver costituito un'idea originale: in una parte del mondo in cui il male agli occhi è piuttosto comune, potrebbe anche essere possibile, come una volta mi disse uno sheikh, che il mihrab venne fatto nella forma di una nicchia di modo che anche un uomo cieco potesse riconoscerlo tastando il muro, oppure potrebbe essere derivato dall'abside cristiano. L'arco a ferro di cavallo invece è stato ritrovato anche negli edifici pre-islamici, scavato nella roccia, anche se la sua presenza a Damasco è uno dei primi casi in cui riveste una chiara funzione strutturale.

La funzione del minareto è abbastanza chiara: dava una posizione piuttosto vantaggiosa al *mu'adhdhin* che invitava i fedeli alla preghiera. Il primo esempio di una torre utilizzata per questa finalità sembra essere proprio quello di Damasco. Il più antico minareto mantenutosi fino ai giorni nostri è quello della Grande moschea di Qayrawan (Fig. 5), vicino a Tunisi, costruito secondo le fonti durante il califfato di Hisham (724-43). È costituito da una torre quadrata grande e massiccia, leggermente assottigliata nella parte superiore, incoronata da un merlo e sormontata da due sezioni, uno dei quali è stato costruito in epoca successiva. Anche se è vero che le quattro torri quadrate a Damasco furono i primi minareti adattati a quello scopo, non sembra che una semplice e perfetta struttura, come quella presente a Qayrawan, debba essere ascritta alla Siria o ad un altro specifico luogo di origine. Costituisce invece un esempio di un bisogno rituale cui si è fatto fronte nel modo più semplice ed immediato possibile. Altrimenti, la moschea a Qayrawan è un classico esempio di una moschea del venerdì frequentemente modificata, anche se conserva la forma originale secondo cui è stata ricostruita alla fine del IX secolo. La moschea di Zaytunah a Tunisi, fondata nel 732, è un altro interessante esempio del medesimo tipo, con arcate formate da archi supportati da antiche colonne. Sui capitelli degli archi vi sono blocchi di legno o abaci connessi con travi di legno. Questo dispositivo però guasta l'effetto di molti dei primi edifici musulmani.

La Grande moschea di Cordova in Spagna, iniziata nel 786, costituisce una costruzione successiva (Fig. 6). La sua superficie venne più che raddoppiata nel X secolo, ma la sua forma originale potrebbe essere recuperata attraverso uno studio attento della struttura esistente. Era una moschea del venerdì, che conteneva undici navate separate da arcate, ognuna delle quali con venti colonne. Queste colonne venivano prese da edifici romani più antichi, così come abbiamo spiegato precedentemente. La grandezza della parte interna ha richiesto la presenza di un'alta copertura, molto più alta delle colonne disponibili con gli archi a ferro di cavallo. Per questa ragione, una seconda gamma di archi venne costruita ad un livello più alto, creando un effetto complicato e irrequieto, che alcuni non hanno giudicato piacevole. In realtà, l'utilizzo di antiche colonne pre-esistenti ha determinato l'intero disegno dell'arcata sia a Qayrawan che ad Cordova, dove l'introduzione di mattoni o di pontili di roccia o di colonne più alte costruite appositamente per l'edificio potrebbero aver aiutato l'architetto a fare a meno di questi espedienti. L'intera moschea di Cordova era poi circondata da un altro muro e vi erano delle arcate intorno a tutto il *sahn*. Dobbiamo tornare però in Mesopotamia, dove una serie di moschee costruite con mattoni secondo lo stile tradizionale di quei paesi costituisce un punto di connessione del prototipo di Medina con la famosa moschea di Ibn Tulun al Cairo (Fig.7).

Tra questi esemplari i più degni di nota si trovano ad Ukhaidir, Raqqa, Abu Dulaf e Samarra. Le prime due moschee sono fatte risalire alla fine del VIII secolo, mentre le altre due alla metà del IX. Tutte però riproducono il tradizionale stile sasanide e presentano la planimetria delle altre moschee del venerdì. La moschea di Ukhaidir, mirabilmente descritta da Gertrude Bell nella sua opera monografica, riveste un interesse particolare a causa della presenza di un rudimentale arco a punta, che successivamente diverrà la caratteristica principale dell'architettura gotica occidentale. Il caratteristico arco sasanide è semicircolare, ma occasionalmente si possono incontrare anche esempi isolati di archi a punta. Gli archi a ferro di cavallo invece venivano probabilmente utilizzati in precedenza in Mesopotamia; ne sono presenti molti nelle chiese della Siria (come nella chiesa di Qasr ibn-Wardan, 564) e vi è persino un esempio ellenistico a Chiusi in Italia. In Ukhaidir gli archi erano a punta ed ovoidali e leggermente artificiosi, come a Mashatta. Invece, nella Porta di Baghdad a Raqqa e ad Abu Dulaf vicino a Samarra, l'arco aveva assunto la curvatura tipica della tarda architettura musulmana e verso la fine del VIII secolo aveva sostituito tutte le altre forme di archi in Mesopotamia. Gli archi puntati più antichi, che possono essere osservati qualche volta in India, sono intagliati da solida roccia, e quindi non possono essere considerati propriamente tali.

La Grande Moschea a Samarra ha una grandezza imponente ed è di considerevole interesse storico. Consiste in un *sahn* con un profondo *liwan* in direzione della Mecca e dei portici piuttosto profondi intorno alle rimanenti parti del *sahn*. Il grande muro di mattoni che la circonda ha delle torri circolari ad ogni angolo e delle torri semicircolari poste ad intervalli. Nel muro a sud del santuario vi è una fila di piccole finestre a punta e polilobate. Questa notevole caratteristica, che si trova anche in Cordova, può aver avuto origine nell'India buddista, così come è stato suggerito da Havell; oppure deve essere attribuita, insieme a tutte le sue implicazioni nell'arte occidentale, ai musulmani stessi (Fig. 8). Inoltre, risulta ancora più importante la sostituzione dei pontili di roccia per sostenere le arcate, a posto delle antiche colonne utilizzate a Cordova ed in altri luoghi. Questi pilastri presentano una forma ottagonale su una base quadrata e hanno quattro alberi circolari ed ottagonali su ognuno di essi. Questi alberi sono uniti con tasselli metallici ed hanno dei capitelli a forma di campana. Questa è un'altra caratteristica in seguito adottata nell'architettura occidentale. I curiosi minareti a spirale utilizzati a Samarra (Fig. 9), e successivamente nella moschea di Ibn Tulun, non sono stati sviluppati ulteriormente e sono rimasti degli esempi isolati.

La moschea di Ibn Tulun al Cairo, cominciata nel 876, è stata descritta minuziosamente da molti autori, ma la sua importanza nella storia dell'architettura islamica è stata piuttosto ridimensionata, in quanto è stato scoperto che molte delle sue caratteristiche principali erano presenti in edifici molto più antichi presenti in Mesopotamia. La moschea è costituita da un'ampia pianta quadrata, con un *sahn* circondato da tutti i lati da portici arcuati (Fig. 10), mentre il *liwan* è invece molto più profondo degli altri. Al di fuori delle mura principali vi è un cortile aperto e recitato (*ziyada*), una caratteristica precedentemente assente. Le mura esterne sono piuttosto massicce e sono sormontate da merli che, come sarà spiegato successivamente, possono essere considerai il prototipo dei parapetti gotici. (Merli di diverso tipo erano utilizzati in Assiria nell'VIII secolo, ed in Egitto in epoca persino più antica). Al di sotto dei merli vi è una fila di finestre con cortine intonacate o graticciate, alternate con nicchie a punta con la parte superiore a punta o polilobato. Le arcate consistono di enormi pilastri di mattoni con alberi agli angoli, e al di sopra vi sono degli archi con una forma a ferro di cavallo appena percettibile. Così l' intera struttura fino al livello del soffitto di legno è fatta di mattoni coperti da stucco semplice ed ornamentale. Possiamo affermare senza temere di esagerare che questa moschea, sotto tutti i punti di vista, ha lo stile proprio della Mesopotamia e deriva dagli esempi presenti in Samarra e Baghdad con cui il suo fondatore, Ibn Tulun, aveva famigliarità fin dalla giovinezza. Accanto alle caratteristiche precedentemente menzionate altre innovazioni includono le iscrizioni in kufico intagliate nel legno (un adattamento piuttosto abile delle lettere per finalità ornamentali) e decorazioni colorate praticamente su tutte le superfici visibili, per la maggior parte in stucco bianco, persino sulle travi di legno del tetto. Vi era un mihrab di forma particolare, modificato da allora, una fontana centrale (*fawwarah*, non la struttura originale che aveva una cupola di legno) nel *sahn* e meravigliose lampade che pendono dal soffitto.

Dalla fine del IX secolo alla fine del XII secolo il numero delle moschee conservatesi non è molto ampio. Durante quel periodo venne prodotta invece molta architettura militare ed è stato riconosciuto che i crociati s'ispirarono alle fortezze della Siria e dell'Egitto. L'utilizzo europeo della piombatoia in Europa deriva infatti proprio da questa fonte.

In un' appendice alla sua opera sulla cittadella del Cairo, K. A. C. Creswell ha esaminato l'origine della piombatoia.

Costui ha suggerito che sei o sette dei dieci esempi più antichi in Siria erano costitute da piccole latrine circondate da pietre del tipo comune fino ai tempi recenti sul pontile a Gorey nel Jersey. Dei tre esempi rimanenti, che potrebbero essere stati utilizzati per sparare dall'alto, i più antichi risalgono alla metà del VI secolo d.C., ossia prima dell'avvento dell'Islam. Dopo che Creswell ha citato questi esempi, è stato scoperto un esemplare musulmano a Qasr al-Hair vicino a Rusafa in Siria, che risalirebbe al 729 d.C. Ve ne sono altri due sulla Bab an-Nasr (1087), una via d'accesso costruita al Cairo da artigiani armeni e questi erano chiaramente dei *machicoulis* posti a copertura dell'entrata (Fig. 11). Questi anticipano di circa un secolo i primi esemplari conosciuti in Europa: a Chateau Gaillard (1184), a Chatillon (1186), a Norwich (1187) ed a Winchester (1193). Quindi è chiaro che i crociati copiarono l'idea dai musulmani e non il contrario. Il *Machication* in file di mensole divenne molto elaborato nei castelli inglesi e francesi del XIV secolo (Fig. 12).

Un'altra caratteristica dell'architettura militare importata dall'Egitto e dalla Siria era l'entrata ad angolo retto impiegata in una fortezza per mezzo di un passaggio nelle mura, attraverso il quale un nemico, che era riuscito a raggiungere l'entrata, non avrebbe potuto vedere o sparare nel cortile interno. Pare che un'entrata di questo tipo fosse sconosciuta alla scienza militare romana o bizantina, in cui sul medesimo asse venivano poste successive entrate difensive, separate da uno spazio conosciuto con il nome di *propugnaculum*. Questo tipo di accessi furono utilizzati per la prima volta, per quanto se ne sappia, nella "Città rotonda" di Baghdad (VIII secolo), nella cittadella di Saladino al Cairo (iniziata nel 1176) ed infine in un esemplare presente nella cittadella di Aleppo. Questa tipologia di entrate sono presenti raramente in Inghilterra, sebbene vi sia un buon esemplare a Beaumaris; in Francia invece erano molto più popolari, come ad esempio a Carcassonne. Entrambi questi paesi preferirono però un'entrata obliqua per i castelli fortificati in modo più elaborato, come per esempio a Pierrefonds e Conway.

L'India non ha avuto alcuna costruzione musulmana di una certa importanza prima dei lavori compiuti nella Delhi antica all'inizio del XIII secolo. Non vi è nulla nemmeno nella Turchia asiatica, dove una serie di costruzioni selgiuchidi a Konia vennero iniziate circa nel medesimo periodo. In Spagna e Nord Africa i reperti principali, oltre all'architettura militare, sono costituiti dagli ultimi lavori effettuati nella Grande moschea di Cordova, che venne considerevolmente ampliata nella seconda metà del X secolo, ed i minareti a Siviglia (la torre della Giralda, 1172-95) ed a Rabat (1178-84), che sono decorati entrambi con archi a sesto acuto che assomigliano ed anticipano i tardi trafori gotici (Fig. 13). Quest'opera ha un carattere piuttosto interessante ed include alcune notevoli costruzioni a cupole, che però non hanno avuto alcuna influenza nello sviluppo architettonico al di fuori della Spagna. In Sicilia, la Cappella Paladina venne costruita nel 1132, la chiesa della Martorana nel 1136, La Ziza nel 1154 e La Cuba nel 1180 (Fig. 13).

Queste date cadono al di fuori del limite della dominazione musulmana dell'isola, che terminò nel 1060 per Palermo e nel 1090 per la Sicilia nella sua totalità. Però, anche se furono costruiti dai Normanni, questi edifici riproducono molte caratteristiche islamiche, che comunque possono essere ritrovate anche ad Amalfi e Salerno.

In Persia, gli edifici principali di questo periodo sono costituiti dalla Moschea del Venerdì ad Ispahan e dalla Grande Moschea (c. 1145-91) a Mosul, entrambe ampie moschee del venerdì, anche se quest'ultima ha subito molte modifiche dal tempo della sua costruzione. Le moschee persiane, essendo costruite con mattoni, erano decorate con rilievi di stucco e con mattonelle smaltate, una tecnica adottata successivamente anche in paesi in cui era utilizzata la pietra, come in Siria ed Egitto. I minareti erano solitamente posti a coppie, avevano una forma cilindrica, che si assottigliava leggermente verso l'alto ed erano coperti di mattonelle smaltate.

Gli esempi principali della scuola "Sirio-egizia" possono essere trovati tutti nel Cairo e sono: Le moschee di al-Azhar (970) e di al-Hakim (900-1012), la piccola moschea di al-Aqmar (1125), e la piccola ma importante moschea-sepolcro di al-Juyushi (1085). In al-Azhar e in al-Aqmar le arcate erano sostenute da antiche colonne, mentre in al-Hakim da pontili di mattoni. In al-Hakim la pietra venne utilizzata per la prima volta al Cairo, sebbene le colline di Muqattam, che si trovano vicino, forniscano un eccellente calcare. Evidentemente il Cairo si era ispirato molto alla tradizione mesopotamica. La moschea di al-Juyushi è il primo esempio di una moschea-mausoleo, una tipologia che successivamente è stata riccamente sviluppata, con una cupola collocata sulla tomba del fondatore e le mihrab poste sulle mura meridionali. Il *sahn* è piccolo e tra di esso e la cupola è presente un transetto a volta. Vi è poi un minareto quadrato in tre sezioni coperto da un' alta cupola come quelle visibili nelle chiese siciliane.

L'evoluzione della cupola riveste una grandissima importanza all'interno della storia dell'architettura musulmana ma, considerato che non sembra avere una relazione con quella occidentale, non sarà presa in considerazione in questo contesto. Per la medesima ragione, non è necessario discutere l'origine di quella caratteristica unica, la stalattite, che ha seguito i musulmani in ogni luogo ed è divenuta la caratteristica della loro architettura dalla Spagna all'India. Probabilmente di derivazione mesopotamica, la sua prima apparizione certa è nella moschea di al-Juyushi, la seconda nella facciata della moschea di al-Aqmar, dove è utilizzata come elemento decorativo e dove ci sono anche delle nicchie scavate a forma di una capasanta, probabilmente il prototipo delle nicchie a forma di conchiglia del Rinascimento. Una banda di lettere ornamentali in caratteri kufici corre lungo tutta la sommità della facciata. Un altro dettaglio che si ritrova nelle moschee del Cairo di questo periodo è il merlo a dente di sega, che derivava probabilmente di nuovo dalla Mesopotamia. Questo motivo potrebbe aver ispirato gli architetti di quello ducale e di altri palazzi a Venezia (Fig. 15).

Dal XIII secolo in poi ci sono pervenuti ampi esemplari dell'architettura musulmana in tutte le sue province, cui debbono essere introdotte Turchia ed India. In Spagna vi sono luoghi straordinari quali Alhambra e Alcazar, degni di nota per le loro ricche eppure graziose decorazioni, anche se bisogna osservare che i tardi edifici moreschi non possono essere considerati alla stregua di quelli più antichi. Nel Cairo sono collocate moschee e tombe riccamente costruite datate fino al 1517, anno in cui la città venne catturata dai turchi. Successivamente invece nei pochi edifici costruiti dopo quel periodo viene seguito lo stile ottomano. L'Anatolia ci fornisce un'interessante serie di esempi a Konia e Brusa dal 1200 fino a 1453, quando Costantinopoli divenne la capitale della Turchia. Da questo momento in poi gli architetti ottomani s' ispirarono liberamente ai monumenti bizantini, anche in edifici costruiti in luoghi piuttosto distanti quali Cairo o Damasco.

La Persia, il Turchistan e l'India posseggono una notevole abbondanza di edifici musulmani di epoca tarda, ed in India la tradizione si è mantenuta anche in tempi moderni. Le caratteristiche locali si differenziano nei prodotti tardi delle cinque scuole principali di architettura islamica: sirio-egizia, ispanica-moresca, persiana, ottomana ed indiana.

Queste differenze, pur essendo giustificate in parte dal materiale disponibile, possono anche essere ricondotte all'architettura locale.

Nel Medioevo vi fu una grande varietà e sviluppo nella pianificazione della moschea. La moschea del venerdì continuò ad essere costruita in alcuni paesi, i mausolei-moschee a cupola divennero molto popolari e le *madrasash*, introdotte nel XII secolo, cominciarono ad essere costruite e sviluppate da questo periodo in poi.

Nel Cairo la sua forma era solitamente pomposa, in Persia e Turkistan erano preferite delle cupole a forma ovoidale, mentre in Costantinopoli le moschee presentavano delle basse cupole bizantine. Esternamente, le cupole di pietra in Egitto erano decorate con ornamenti simili a pizzi nel XV secolo, mentre in Persia erano coperti con mattonelle smaltate ed erano supportate da stalattiti. Però, mentre la cupola saracena ebbe una piccola influenza sulle cupole rinascimentali in occidente, pare possibile che i minareti dal tipo più grazioso e fine, come quelli presenti al Cairo del XIV e del XV secolo, possono aver influenzato il disegno dei più tardi campanili rinascimentali italiani. Gli architetti musulmani in questo stesso periodo hanno cominciato a prendere in considerazione la possibilità di impiegare la cupola ed il minareto in contrasto, proprio come Wren ha utilizzato in un periodo successivo la cupola e le torri in un contrasto eloquente in Saint Paul. I minareti cilindrici della Persia e quelli a forma di matita, molto amati dai Turchi ottomani, invece non si diffusero mai oltre il loro luogo di origine.

Quando l'architettura islamica fece progressi, continuarono ad essere preferiti gli archi a ferro di cavallo sia rotondi che a punta; erano poi frequentemente impiegati anche gli archi semi-circolari, quelli appuntiti e quelli bi-centro, insieme al così detto arco persiano impiegato ampiamente nel suo luogo di origine ed in altri e che in qualche modo ricorda l'arco dei

Tudor (Fig. 16). Gli archi a trifoglio e a punta divennero di utilizzo comune e nella forma di arcate cieche e trafori erano utilizzate come decorazioni delle superfici. I merli invece erano lavorati in modo elegante o tagliati a dente di sega. Le aperture delle finestre continuavano ad essere coperte con trafori puntellati o grate, in pietra o stucco, ed erano smaltati con vetri colorati rozzamente, probabilmente molto prima che il vetro macchiato cominciasse ad essere utilizzato in Occidente. Bande di lettere decorate, modellate con lo stucco o intagliate nel legno o nella pietra, si alternavano ad ornamenti geometrici, in quanto la riproduzione di esseri viventi era proibita. La scultura in rilievo alto si trova raramente negli edifici egiziani, sebbene possa essere osservata in India, dove l'effetto è ottenuto attraverso l'utilizzo libero di modelli geometrici, incisi più che scolpiti in roccia o stucco. Più ad oriente, specialmente in Persia e Turkistan, dove il mattone è un normale materiale di costruzione, venne fatto un ampio utilizzo delle mattonelle smaltate. I loro disegni geometrici e le forme astratte erano favorite fino ai periodi più tardi, quando venne adottato uno stile più naturalistico attraverso le forme floreali. Il nome arabesco dato ai motivi convenzionali a basso rilievo utilizzati in Inghilterra dal tempo di Elisabetta in poi indica la loro derivazione dall'arte araba medievale.

Un'altra forma di ornamento, comune al Cairo ma non molto utilizzata in altri luoghi, era l'alternanza di pietre chiare e scure in linee orizzontali. L'origine di questa pratica può essere fatta risalire a Roma o Bisanzio, dove i mattoni di sostegno venivano spesso introdotti ad intervalli nelle mura di roccia, anche se la questione continua ad essere discussa dagli studiosi. Di conseguenza, le facciate a strisce di marmo a Pisa, Genova, Siena (Fig. 17), Firenze ed altre città italiane possono essere derivate dal Cairo, con cui intrattenevano delle fitte relazioni commerciali durante il Medioevo. Simili effetti cromatici sono visibili anche a Le Puy in Auvergne ed in Saint Peter in Northampton (Fig. 18).

Riassumendo i numerosi punti menzionati durante questo studio, è chiaro che il debito occidentale verso l'architettura islamica sia piuttosto sostanziale. Solo nell'ambito dell'architettura militare sappiamo che i crociati, che hanno lasciato in Terra Santa molte chiese e fortezze, hanno imparato molto dall'arte della fortificazione dai nemici saraceni, che dal canto loro hanno approfittato invece della maestria degli artigiani armeni.

Escludendo il debito che abbiamo verso le costruzioni di pietra dell'Armenia e della Siria nel periodo pre-islamico e gli edifici di mattoni dell'Iran, possiamo ragionevolmente attribuire l'invenzione dell'arco a punta alle costruzioni musulmane in Siria ed in altri luoghi. L'arco ogivale e anche l'arco Tudor hanno probabilmente la medesima origine. L'utilizzo di cuspidi e di archi acuti o a trifoglio de-riva dalla medesima fonte, così come lo stile a trafori delle superfici e forse anche nell'utilizzo del traforo di pietra nelle finestre. Il traforo piastriforme potrebbe essere derivato dalle grate intagliate in forme geometriche nella pietra e nello stucco delle antiche moschee, o potrebbe aver avuto origine negli edifici della Siria e Mesopotamia di epoca pre-islamica. L'invenzione del vetro colorato è solitamente attribuita all'Oriente, anche se non con prove sufficienti. L'utilizzo di alberi collocati agli angoli dei piloni, così importanti nella storia delle volte gotiche, è un'innovazione musulmana risalente al VIII e al IX secolo.

Merli ornamentali e lavorati giunsero dalla Mesopotamia al Cairo e da qui vennero trasmessi in Italia, diventando successivamente una caratteristica dell'architettura gotica. Le iscrizioni intagliate utilizzate come decorazioni nelle tarde opere in stile gotico vennero anticipate nel IX secolo nella moschea di Ibn Talun nel Cairo, ma le iscrizioni in caratteri kufici penetrarono fin dentro la Francia durante l'occupazione delle sue province meridionali e rari esempi di ornamenti presenti persino in Inghilterra sono ritenuti mostrare l'influenza araba (Fig. 18). Le facciate a strisce sono probabilmente originarie del Cairo così come lo stile dei campanili del Rinascimento e le nicchie a forma di conchiglia.

La *mashrabiyyah* araba o grata in legno, utilizzata per nascondere gli appartamenti delle donne di una casa o come divisorio nella moschea, vennero copiate nelle grate metalliche inglesi. La decorazione delle superfici in bassi rilievi attraverso degli arabeschi o motivi a pannelli, insieme all'utilizzo di motivi geometrici nelle decorazioni, costituisce certamente una parte del nostro debito ai musulmani, che sono stati anche il canale attraverso cui ci sono giunte molteplici conoscenze geometriche.

I contatti dell'Occidente e dell'Oriente durante il periodo delle crociate e quelli più amichevoli avvenuti nel tardo medioevo debbono aver contribuito all'introduzione di altri elementi architettonici, che però non abbiamo menzionato nel nostro breve contributo. In Spagna invece la tradizione moresca nel disegno si è mantenuta fino al periodo del tardo rinascimento e costituisce quindi la ragione di molte delle complessità e peculiarità dell'architettura gotica spagnola.

Fig. 1: Chiesa di San Germigny-des-Pres, Francia

Fig. 2: Antica moschea di Kufa, Iraq

Fig. 3: La cupola della Roccia, Gerusalemme

Fig. 4: La Grande Moschea di Damasco, Siria

Fig. 5: La Grande Moschea di Qayrawan, Tunisia

Fig. 6: La Grande Moschea di Cordova, Spagna

Fig. 7: La Grande Moschea di Ibn Tulun, Cairo

Fig. 8: La Grande Moschea di Samarra, Iraq
Fig. 9: Minareto della moschea di Samarra

Fig. 10: Portico della Grande moschea di Ibn Tulun, Cairo

Fig. 11: Bab al-Nasr, Cairo

Fig. 12: Castello medievale di Bodiam, Sussex, UK

Fig. 13: Minareto a Siviglia

Fig. 14: Chiesa della Martorana
e Palazzo della Zisa, Sicilia

Fig. 15: Palazzo Ducale, Venezia

Fig. 16: Arco Tudor

Fig. 17: Battistero di Pisa e
Battistero di Siena

Fig. 18: Chiesa di Saint Peter in Northampton, Regno

Le prime moschee

Martin S. Briggs

Nell'anno 620, secondo gli storici antichi, quando Muhammad si ritirò sulle montagne vicino alla Mecca per meditare, una donna che bruciava l'incenso davanti al sacro tempio della *Ka'ba* mandò a fuoco accidentalmente la tenda posta davanti all'entrata, da cui l'incendio si diffuse poi per tutto l'edificio che venne distrutto. I Quraysh si prepararono di conseguenza a ricostruirlo e per una fortunata coincidenza una nave greca, che trasportava materiali di costruzione per una chiesa in Abissinia, fece naufragio sulla costa del Mar Rosso vicino a Jiddah, e un copto o greco che si trovava a bordo, di nome Baqum ed esperto nell'arte della carpenteria, si lasciò convincere a porre sia la sua abilità che il contenuto della barca a servizio degli arabi. Gli abitanti della Mecca si alternarono come operai partecipando attivamente all'opera di ricostruzione. La nuova struttura includeva colonne di marmo ed una scala, anche se gli antichi scrittori differiscono parecchio relativamente ai dettagli. Alcuni affermarono che lo stesso legname della nave venne utilizzato per la costruzione, mentre altri sottolinearono che il copto fosse abile nell'arte di tagliare e lavorare il legno, di cui probabilmente i Quraysh non erano molto esperti.

Quando il Profeta arrivò a Medina nel 622, l'anno dell'Hijrah, fondò la prima moschea dell'Islam. Diresse il suo cammello in un frutteto di palme al di fuori della città, dove si trovava uno spazio aperto che misurava circa 45,72 metri quadrati. Intorno a questo spazio venne costruito un muro alto non meno di 3, 20 metri. Le fondamenta erano fatte di pietre, mentre la parte superiore di mattoni cotti al sole. Questo semplice spazio chiuso, che venne acquistato dal suo proprietario, aveva un pozzo adiacente e non differiva in nessun modo dagli orti che si possono osservare in ogni spazio verde in Medio Oriente. Dal cortile si aprivano una serie di stanze abitate dalle spose del Profeta. Queste costruzioni assomigliavano alle semplici capanne dei villaggi egiziani, in quanto non erano più grandi di 3,65 metri quadri ed erano alte circa 2 metri; le mura erano costruite con mattoni cotti al sole e il tetto era fatto di tronchi di palma tenuti insieme dal fango. Una stanza aggiuntiva veniva utilizzata dal Profeta per ritirarsi in preghiera. Non vi era alcun arredo interno.

Successivamente venne aggiunta una tettoia di tronchi di palma coperta con fango e rami di palma. Questa copertura fu l'origine del *liwan* e del *sahn* o cortile, che era a sua volta circondato da quattro *liwanat*, di cui il più profondo era volto in direzione della Mecca.

Il prototipo della moschea medievale consisteva quindi in un cortile quadrato per la preghiera comunitaria, in parte coperto dai raggi del sole ed una *Qiblah* che indicava la direzione della Mecca. Successivamente vennero aggiunti altri due elementi. Al fine di rivolgersi ai credenti in modo che fosse udibile da tutti, Muhammad reputò necessario introdurre un basso pulpito di legno di tamarindo, alto circa tre scalini. Questo potrebbe essere stato l'embrione del *minbar* riccamente intagliato e coperto, che può essere osservato nelle moschee in un periodo successivo. L'esempio più antico è quello di Qayrawan, da cui venne portato a Baghdad da Ibn al-Aghlab nel 242 a.H. (856-7 d.C.).

L'osservanza regolare delle ore della preghiera, che è una delle parti essenziali della fede musulmana, richiedeva un mezzo per poter radunare tutti i fedeli cinque volte al giorno. Muhammad preferì evitare le campane, che erano utilizzate dai cristiani, e quindi adottò un suggerimento di un suo compagno, Bilal. Costui dotato di una voce potente e melodiosa recitava l'*adhan* (invito alla preghiera) o dalla parte più alta della moschea o da qualche altro edificio vicino. Bilal è stato il precursore del moderno *mu'adhdhin*, il cui *adhan* dagli alti minareti appare allo straniero come la caratteristica più singolare delle città mediorientali. Successivamente, infatti, vennero costruire delle torri o minareti destinati a diventare la caratteristica più graziosa e attraente delle moschee medievali. Infine, il bisogno di compiere le abluzioni prima della preghiera sollevò la necessità di avere delle strutture appropriate a questo scopo.

Durante la vita del Profeta comunque, nella concezione della moschea non era stato preso in considerazione nessuno stile particolare. Era un edificio caratterizzato dalla massima austerità priva di qualsiasi materiale prezioso.

Nel notevole studio di Edward Lane dedicato alla vita al Cairo meno di un secolo fa, quando descrive la natura della religiosità islamica sia in ambito pubblico che privato, dedica una parte al rituale compiuto nella moschea. Costui prima descrive il processo dell'abluzione che precede la preghiera, compiuto o nella casa del credente, nel negozio o nella moschea, oltre al bagno completo (*gushl*) da effettuarsi il venerdì. Poi, dopo aver menzionato l'utilizzo di un tappeto da preghiera, descrive le cinque preghiere giornaliere che il fedele musulmano è chiamato ad assolvere dall'alba al tramonto.

"Le preghiere che sono assolte quotidianamente si compongono di un diverso numero di *rak'ah*. Il fedele, ponendosi in direzione della *Qiblah*, con i piedi tenuti leggermente distanziati, afferma in tono pacato di aver l'intenzione di recitare tale preghiera composta di un determinato numero di *rak'ah*...Poi alza le mani con i palmi aperti a ciascuno dei lati del viso e, toccando i lobi degli orecchi con i pollici afferma: "Allah Akbar" (Allah è grande), che viene chiamato *Takbeer*. Poi procede recitando le preghiere di un numero prescritto di *rak'ah*".

Successivamente descrive minuziosamente i movimenti e le genuflessioni compiute durante la preghiera. Le diverse preghiere sono seguite dal *Tasleem* (saluto) e poi dalle private richieste o appelli del credente. "...Mentre prega rivolge lo sguardo verso i palmi delle mani, che egli tiene davanti a se come un libro aperto, per poi passarle sul volto. È considerato estremamente sconveniente interrompere una persona quando è occupata nelle sue devozioni.

Il tempo impiegato nel ripetere le preghiere di quattro *rak'ah* ammonta solitamente a cinque minuti. Il musulmano recita le cinque preghiere giornaliere in casa sua o nel negozio o nella moschea, a seconda delle sue possibilità. Raramente una persona va da casa sua alla moschea per pregare, eccetto che per partecipare alla preghiera in congregazione del venerdì. I meno abbienti pregano più spesso nella moschea rispetto a coloro che invece posseggono un'abitazione confortevole.

Le medesime preghiere sono recitate dalla congregazione nella moschea il venerdì, anche se in quest'occasione vi sono dei riti aggiuntivi compiuti dall' Imam. Il musulmano non si astiene dal lavoro il venerdì, eccetto durante il tempo della preghiera. Per comprendere quanto compiuto dai fedeli nella preghiera del venerdì, è necessario avere qualche idea di come sia fatta la parte interiore di una moschea. Comunemente una moschea abbastanza grande è composta da portici che circondano un ampio cortile quadrato, al centro del quale si trova una cisterna o fontana per le abluzioni. Un lato dell'edificio è rivolto verso la Mecca e il portico da questo lato costruisce il luogo principale per la preghiera. Per questa ragione è molto più spazioso degli altri posti sui rimanenti lati del cortile. Generalmente ha due o più file di colonne, che formano molte navate parallele al muro esterno. In alcuni casi, questo portico, così come gli altri tre, è aperto verso il cortile, mentre in altri casi è separato da partizioni di legno che connettono la linea frontale delle colonne. Nel centro di questo muro esteriore vi è la *mihrab*, che segna la direzione della Mecca; e alla destra vi è il *minbar* o pulpito.

Sulla parte opposta del *mihrab*, nella parte frontale del portico o nella sua parte centrale, vi è generalmente una piattaforma chiamata *dikkeh* circondata da un parapetto e supportata da piccole colonne. Presso di questo o davanti vi sono una o due sedie che hanno una specie di dispositivo per deporre il volume del Corano, dal quale un capitolo è recitato alla congregazione. Le mura sono generalmente piuttosto semplici, spesse volte infatti sono dipinte di bianco. Invece in alcune moschee la parte inferiore del muro del *liwan* è coperto da marmi colorati e quella superiore è invece decorata con lo stucco. Spesso inoltre le decorazioni consistono nei versetti del Corano, che formano dei lunghi fregi. Sono invece completamente assenti le rappresentazioni di qualsiasi essere vivente. Il pavimento è coperto da tappeti ed il ricco prega fianco a fianco con il povero; la persona ricca o facoltosa non gode nella moschea di nessuna speciale comodità a meno che uno dei suoi servi non stenda per lui un tappeto.

Su ognuna delle moschee del Cairo presiede un *Nazir* (o direttore), che è responsabile dei fondi donati alla moschea dal fondatore o dagli altri e che sceglie i ministri del culto ed i servitori di grado inferiore. Due Imam sono impiegati in ognuna delle moschee più grandi: uno di loro, il *Khateeb*, predica e prega davanti alla congregazione del venerdì; l'altro invece è un Imam *Ratib* o un Imam ordinario, che recita nella moschea le cinque preghiere giornaliere guidando i fedeli che vi giungono. Nelle moschee più piccole invece questi compiti sono svolti da un unico Imam. In ognuna delle moschee ci sono anche uno o più *mueddin* e un *bowwabs* o portiere, secondo che vi sia uno o più minareti ed entrate. Altri servitori sono, invece, impiegati per pulire la moschea, per stendere i tappeti, per illuminare le lampade ed occuparsi della *sakiyeh* (pozzo) grazie al quale la cisterna o la fontana ed altri ricettacoli per l'acqua, che sono necessari per compiere le abluzioni, sono rifornite. Gli Imam o coloro che svolgono le mansioni più umili sono pagati con i fondi della moschea.

Le moschee principali sono aperte dall'alba fino a dopo l'*Isha* o due ore dopo il tramonto. Le altre sono invece chiuse dal mattino fino alla preghiera di mezzogiorno. La maggior parte delle moschee sono chiuse, eccetto che per gli orari della preghiera, nei giorni in cui piove, al fine di preservare dalla sporcizia i pavimenti ed i tappeti. La grande moschea di El-Azhar rimane aperta tutta la notte con l'eccezione della *maksoorah*, che è separata dal resto dell'edificio. In molte delle moschee più grandi, in modo particolare nel pomeriggio, ci sono persone che ridono, mangiano, dormono, discorrono e qualche volta cucino o tessono.

Il venerdì, mezz'ora prima del *Duhr*, il *muezzin* della moschea sale sulle gallerie dei minareti e recita l'*adhan*. Poi le persone cominciano a riunirsi nella moschea. Nelle moschee è osservato il massimo decoro e la massima solennità. Il comportamento del fedele nella moschea non mostra un'entusiasta devozione, ma una calma e modesta pietà religiosa.

Il musulmano, quando entra nella moschea, si toglie le scarpe, le porta nella mano sinistra ed entra nella soglia con il piede destro. Se non ha effettuato le abluzioni precedentemente, lo fa alla cisterna o fontana. Prima di cominciare la preghiera, pone le scarpe davanti al luogo che il suo capo toccherà durante la prosternazione: le scarpe sono poste una sopra l'altra, suola contro suola.

Le persone, che si riuniscono per compiere la preghiera del venerdì, si dispongono in file parallele al lato della moschea in cui si trova il *mihrab*. Molti arrivano subito dopo l'*adhan* o poco prima. Quando una persona arriva al tempo o poco dopo il *Salam*, subito dopo aver preso posto nella fila della congregazione, compie due *rak'ah*, e poi rimane seduto a gambe incrociante o sulle ginocchia, mentre un lettore, dopo essersi sistemato sulla sedia di lettura, inizia a recitare la diciottesima sura del Corano. Tutta la congregazione, non appena ode l'*adhan*, si mette a sedere sulle ginocchia. Poi, quando l'*adhan* è terminato, si alzano e compiono, ognuno separatamente, due *rak'ah*.

Un servo della moschea, chiamato *Murakkee*, apre la porta del *minbar*, prende una dritta spada di legno e, ponendosi un pochino a destra del vano della porta, con il lato destro rivolto verso la *qiblah*, tiene la spada nella mano destra con la punta rivolta a terra. Lane poi descrive diverse invocazioni, a cui i *Muballigh*, che sono sistemati nella *dikkah*, rispondono. Nel frattempo il *Khateeb* o *Imam* si avvicina al pulpito, prende la spada di legno dalla mano del *Murakkee* e: "…..Ascende al pulpito e siede sullo scalino superiore o piattaforma. Il pulpito di un'ampia moschea, in occasione della preghiera del venerdì, è decorato con due bandiere fissate alla sommità delle scale verso l'esterno, su cui è riportata la professione di fede islamica.

Dopo una forma di preghiera o invocazione del *Murakkee*, il *Khateeb* si alza e tenendo la spada di legno come aveva fatto precedentemente il *Murakkee*, pronuncia il sermone…Il *Khateeb*, dopo aver concluso la predica, dice alla congregazione: "Supplicate Dio". Poi si siede e prega privatamente ed ogni membro della congregazione individualmente rivolge una supplica personale. Successivamente, i *Muballighs* dicono "Ameen, ameen…O signore dei mondi". Il *Khateeb* ora si alza di nuovo e recita una lunga preghiera generale. Poi, dopo aver terminato, discende dal pulpito ed i *Muballigh* intonano l'*ikameh*. l'Imam si ferma davanti al *mihrab* e compie due *rak'ah*…I fedeli fanno lo stesso, ma in silenzio e seguendo i suoi movimenti. Poi coloro che appartengono alla scuola malikita lasciano la moschea, così come fanno molti altri che invece seguono le altre scuole. Invece, alcuni dei seguaci della scuola di Shafi e di Abu Hanifa rimangono e recitano le preghiere obbligatorie del mezzogiorno, formando dei gruppi separati guidati da un Imam. Il ricco, quando esce dalla moschea, spesso fa l'elemosina al povero fuori della porta".

Questa lunga descrizione è stata riportata per dare un'idea dell'aspetto della tipica moschea del Cairo, della preghiera del venerdì e dei riti che hanno determinato la struttura della sua planimetria.

Pochi anni dopo la morte del Profeta la moschea che aveva fondato a Medina fu sostituita da una struttura architettonica molto più ambiziosa, così come accadde nel caso delle moschee costruite nei territori conquistati dai musulmani. Deve comunque essere fatta una distinzione tra le moschee più antiche, che furono costruite nei primi secoli dell'Islam, e le forme più tarde che assunsero dopo successive opere di ricostruzione e ristrutturazione. Questa distinzione è stata ignorata dalla maggior parte di coloro che hanno scritto sull'architettura araba, che illustrano, come nel caso delle prime moschee, molti esempi di edifici che da lungo tempo hanno cessato di contenere un frammento dell'opera del fondatore. Eviterò, quindi, di descrivere le aggiunte successive per illustrare in che modo queste moschee apparissero nel VII ed VIII secolo, conservando in questo modo le differenze -ignorate in questo caso particolare da scrittori di rilievo quali Saladin e Rivoria- tra un manuale di architettura ed una guida topografica.

Per quel che concerne la prima moschea di Medina, il Profeta ha lasciato una struttura di incredibile semplicità che, come osserva Gayet, anche se contiene l'embrione di una planimetria, non incarna gli elementi costitutivi di una costruzione e forma un fondamento piuttosto debole a cui rimandare le grandi realizzazioni architettoniche degli arabi nel Medioevo. Comprendeva infatti un cortile aperto, un portico piuttosto rustico e una bassa piattaforma di legno che serviva come *minbar* del Profeta. Come è stato precedentemente affermato, la direzione della *qiblah* non era indicata dalla *mihrab* destinata a diventare invece una caratteristica essenziale delle costruzioni successive. Questa semplice planimetria secondo M. Saladin deriva dagli antichi santuari semiti e fenici; mentre van Berchem suggerisce nel suo articolo dedicato all'architettura nella *Encyclopaedia of Islam* che il prototipo fosse costituito da una chiesa cristiana, con il suo *atrium* con una fontana centrale che corrisponderebbe al *sahn*, il suo abside al *mihrab*, il *liwan* alla chiesa vera e propria ed il campanile al minareto.

Dopo la morte del Profeta l'edificio assunse un'importanza ulteriore a causa della presenza della sua tomba e nel 638 venne completamente ricostruito su larga scala dal califfo Umar. Eppure, persino questa struttura era ben lontano dal costituire un'opera architettonica così come noi la conosciamo. I mattoni cotti al sole, i materiali utilizzati in oriente dal tempo del Faraone fino ai nostri, vennero impiegati per le mura e forse anche per i pilastri che supportavano il tetto dei portici. Quest'ultimi erano formati da tronchi di palma coperti con del fango. Il pavimento era lastricato a ciottoli e vi erano sei entrate. Nel 664-665 venne poi aggiunta una *maqsurah* chiusa da un muro basso. Questa caratteristica è attribuita da alcuni ad una tribuna simile a quella che è possibile trovare nelle antiche chiese cristiane. Nel 709-710 la moschea venne ricostruita dal califfo Walid I con l'assistenza di operai ed artigiani chiamati a lavorare da Bisanzio. In questo periodo venne utilizzata una *mihrab* e quattro minareti posti ad ognuno dei lati. Successive modifiche vennero poi effettuate alla fine dell'VIII secolo e nel Medioevo due incendi resero necessaria un'opera di completa ricostruzione. Possediamo però dei resoconti accurati relativamente al suo aspetto desunti dai diari dei pellegrini così come dalle figure presenti nei manoscritti illuminati.

L'originale moschea nella Mecca era molto differente, in quanto aveva nelle mura della sua costruzione la pietra nera, che secondo la tradizione islamica venne consegnata dall'arcangelo Gabriele ad Abramo. Secondo la leggenda, a quel tempo era bianca, ma i peccati degli esseri umani l'avevano fatta diventare nera. I Quraysh, la tribù di cui faceva parte il Profeta Muhammad, erano guardiani della *Ka'ba*.

Il Profeta entrò vittorioso alla Mecca nel 630 d.C., ma non abbiamo alcuna informazione relativa alla costruzione o meno di qualche nuovo edificio religioso. Sappiamo solamente che vennero eliminati gli idoli che erano presenti nella *Ka'ba*. Successivamente Umar accrebbe lo spazio intorno alla *Ka'ba*, che precedentemente era stata circondata a breve distanza dalle dimore dei Quraysh. L' *Haram* (spazio sacro) era a sua volta circondato da un muro che misurava meno dell'altezza media di un uomo, con delle porte in corrispondenza dei passaggi tra le case, che il califfo fece demolire per aumentare lo spazio. I califfi successivi misero in atto altri miglioramenti e Walid I, all'inizio dell'VIII secolo, fece demolire la recinzione e la sostituì con un colonnato di marmo.

Il resoconto scritto dal pellegrino Ibn Jubayr nel 1184 può essere considerato una descrizione autentica del suo aspetto alla fine dell'VIII secolo, eccetto forse per quel che concerne gli elementi decorativi. L'edificio della *Ka'ba* misurava 15 metri di altezza, 12,19 di lunghezza e 11 circa di larghezza. Le mura erano spesse più di 91 cm ed erano costituite da pietre rivestite. Le mura all'interno erano ricoperte di marmo nelle parti inferiore e superiore con lastre placcate d'argento. Il pavimento era ricoperto con del marmo ed il soffitto era supportato da tre pilastri di legno indiano. Le mura esternamente erano avvolte da drappi di seta colorata e cinque finestre di vetri colorati illuminavano l'interno. Il tetto era piatto e poteva essere raggiunto attraverso delle scale, mentre un'altra conduceva alla porta principale. Il grande *Haram* misurava circa 182 x 137 metri ed era delimitato da un *liwan* a tre navate con colonne di marmo. Nello spazio aperto si poteva accedere attraverso 19 entrate. Ad ogni angolo era posto un minareto e vi erano inoltre altri tre minareti aggiuntivi, ognuno leggermente differente dall'altro. All'interno dell'*Haram* era racchiuso il sacro pozzo di *Zamzam*, che era sacro prima ancora dei tempi di Muhammad e dalla cui fonte tutt'oggi centinaia di migliaia di pellegrini annualmente bevono.

Dal XIV al XVII secolo la moschea della Mecca venne ampliata, modificata e decorata. Rivoira, citando il Caetani, afferma che la sua planimetria, a causa della sacralità, non venne più ripetuta. Che cosa s'intenda con questa frase non è molto chiaro, perché la planimetria oggi consiste solo di un grande *Haram* circondato da colonnate, tipico delle moschee del venerdì nel Cairo, e differisce da loro solamente per la presenza di piccoli edifici lungo la zona recintata, come nella *Haram ash-Sharif* a Gerusalemme. La caratteristica distintiva di questa moschea è che è stata disegnata per essere costruita intorno ad un precedente luogo di venerazione, proprio come la Cupola della Roccia a Gerusalemme è stata costruita su di un luogo sacro.

Nel 639 venne fondata una moschea a Kufah, tre miglia da Hirah, la nuova capitale dell'Iraq in Mesopotamia. Aveva una planimetria quadrata, era circondata semplicemente da un fossato invece che da mura e colonne ed includeva una galleria costruita con colonne di marmo prese dai palazzi in rovina dei re persiani. Nell'arco di pochi anni questa moschea venne ricostruita su una scala più ampia dagli artigiani persiani, che precedentemente avevano lavorato per i re sasanidi. Venne introdotto un alto colonnato ed i pilastri vennero formati da tamburi di pietra uniti con il piombo.

Secondo Rivoria questo sarebbe l'edificio descritto da Ibn Jubayr nel 1184. Costui afferma che sul lato del *liwan* vi fossero cinque navate, le cui colonne delimitanti erano di pietra. Se accettiamo questa testimonianza, possiamo ritenere questa costruzione il primo esempio di una moschea che consiste di un cortile completamente circondato da colonne, sebbene sotto altri punti di vista possa essere considerato uno sviluppo naturale della planimetria della moschea di Medina. Sfortunatamente questo edificio è scomparso da lungo tempo e ne siamo a conoscenza solo ed esclusivamente grazie ai resoconti dei primi viaggiatori.

Spostandoci dalla Mesopotamia a Gerusalemme, ci troviamo su un terreno più famigliare ma non per questo meno controverso. Al tempo della conquista della città da parte dei musulmani nel 639, Gerusalemme conteneva un certo numero di chiese cristiane risalenti a diverse epoche, di cui la più antica è probabilmente quella della "Santa Sion". Nel IV secolo Costantino aveva eretto una grande rotonda sopra il Santo Sepolcro, una basilica adiacente e la famosa basilica della Natività di Betlemme. L'imperatrice Eudocia invece fece costruire la chiesa di Santo Stefano nel V secolo, periodo a cui risale anche la chiesa di Sant'Anna, e nella metà del XVI secolo Giustiniano -cui si deve la costruzione della Hagia Sophia in Constantinopoli- finanziò edifici ancora più imponenti. A questo periodo risalgono anche il Portale d'oro nella *Haram ash-Sharif* o area del Tempio e alcune colonne nella moschea di *al-Aqsa*, che si ritiene siano state rimosse dalla chiesa di Santa Maria Vergine, che precedentemente occupava quasi lo stesso luogo. A Giustiano si deve anche la costruzione della chiesa di Santa Sofia e di due ospedali, oltre all'estensione dell'area del Tempio. Possiamo ritenere che al tempo di Giustiniano Gerusalemme fosse una città che conservava molti dei tratti di provincia romana. Nel 614, venticinque anni prima della conquista dei musulmani, Chosroes, il re persiano, assediò e catturò la città. La sua vittoria venne seguita dal massacro indiscriminato di monaci e religiose e dalla sistematica distruzione delle chiese. Otto anni dopo i Persiani furono scacciati e al tempo di Modesto le chiese vennero ricostruite, probabilmente in uno stile architettonico minore rispetto a quello del passato, con l'aiuto di mille carpentieri egiziani. Prima che quest'opera fosse completata, gli arabi conquistarono Gerusalemme.

Quando il Califfo Umar fece la sua entrata vittoriosa a Gerusalemme, indossando i semplici abiti di un arabo del deserto e sul dorso di un cammello, incontrò il patriarca cristiano e stipulò un patto in cui veniva garantita la sicurezza per i cristiani sotto determinate condizioni. Umar poi domandò al patriarca di condurlo presso il luogo di adorazione di Davide. (La storia di questa cerimonia è stata riportata nel dettaglio da Sir Walter Besant). Quando raggiunsero la deserta area del Tempio, sotto una copertura di materiali di scarto trovarono la *Sakhrah* o la sacra pietra, da cui la *Qubbat as-Sakhrah* o Cupola della Roccia prende il nome, e l'altare tradizionale per l'incenso dell'antico tempio ebraico. Vicino a questo luogo, che era rimasto completamente deserto, Umar fece costruire la propria moschea, di cui possediamo la descrizione di un pellegrino della Gallia, di nome Arculph o Archulphus, secondo la quale: "In quel luogo famoso, dove in passato il Tempio era stato costruito magnificamente, i Saraceni si recano in una casa di preghiera di forma quadrata posta vicino al muro orientale, che hanno loro stessi costruito su alcune rovine in modo piuttosto modesto con alte travi e grandi assi. Si dice che questa casa di preghiera possa ospitare circa 3000 persone".

Questa sembra sia stata quindi la Moschea di Umar, una struttura di legno piuttosto primitiva, che comunque da lungo tempo ha cessato di esistere. L'*Haram ash-Sharif* (il sacro santuario) era, anche in quei giorni, per la sua forma naturale e la sua associazione storica, uno dei più eleganti edifici del mondo. Occupava il più prominente angolo di una città sacra alle religioni monoteiste. La sua area era considerevole ed era circondata da due lati dalle alte mura di Gerusalemme. In passato il suo livello era simile a quello odierno perché, dove la roccia naturale si dirada verso sud, sono state costruite delle strutture sopraelevate per trasformare l'intera zona in una grande piattaforma. Questo è sempre stato considerato un centro religioso per eccellenza nella città di Gerusalemme e qui vennero costruiti in epoca successiva i templi di Salomone, Erode ed Adriano. Umar ha fatto costruire la moschea in questa zona, ma ad un califfo successivo, Abd al-Malik, toccò il compito di edificare un luogo di culto in grado di competere per bellezza architettonica con gli altri edifici religiosi di Gerusalemme. Secondo Besant e Palmer il denaro necessario per quest'impresa venne custodito in una piccola casa del tesoro adiacente, disegnato dall'architetto sotto le istruzioni del califfo e che è stato conservato sotto il nome di *Qubbat as-Silsilah* o Duomo della Catena. Questi scrittori affermano anche che la pianta di questo edificio abbia costituito il modello per la Cupola della Roccia, anche se molti altri studiosi non condividono questo punto di vista.

L' *Haram ash-Sharif*, così come appare oggi, probabilmente presenta quasi il medesimo aspetto di quando venne fatta costruire da Abd al-Malik: una piattaforma di forma quasi rettangolare che misura 487 metri da nord a sud e 457 metri da est a ovest. La Sacra Roccia è situata quasi esattamente sull'asse più breve, ma più vicina al confine occidentale che a quello orientale. Le mura di Gerusalemme formano i confini ad est e a sud del sito. All'angolo sud-orientale queste mura discendono verso la profonda valle di Kidron. Sul muro orientale e un pochino a nord vi è la Porta d'Oro fatta costruire da Giustiniano. Sul lato meridionale si trova la moschea di *al-Aqsa*, dove probabilmente in epoca antica si trovava la Chiesa di Santa Maria Vergine. A nord dell'*Haram* si trova la piscina di Bethesda e dietro La via dolorosa. Le entrate principali all' intero complesso sono tre, e devono essere sempre state collocate (a causa della configurazione del terreno) dalla parte occidentale- il quartiere del bazar. La Cupola della Roccia è sollevata su un' ampia terrazza o podio di circa 3 metri al di sopra del livello generale del complesso e di conseguenza viene raggiunta da un'ampia scala, in cui ogni scalino è sormontato da un grazioso arco. Secondo M. Saladin sia gli scalini che le arcate, così come la terrazza, risalgono al tempo di Abd al-Malik. Altri studiosi però sostengono che le arcate risalgano ad un periodo più tardo: a circa il 1211-1212, per quelle poste a sud e ad oriente, mentre le rimanenti invece al XIV e al XV secolo, come dimostra il loro disegno. Ciononostante è chiaro che ad Abd al-Malik si deve la struttura generale della moschea e delle zone circostanti.

Molto raramente possiamo riscontrare nell'architettura araba un'attenzione rivolta alla vista o all'effetto generale del paesaggio. Molte moschee, anche se appaiono meravigliose per il disegno architettonico e le decorazioni, molto raramente si affacciano su una vista di effetto monumentale. Quindi è piuttosto curioso che solo pochi scrittori moderni abbiano accennato a questa caratteristica della Cupola della Roccia. Personalmente, dopo aver trascorso molti anni in Oriente, è stata una rivelazione entrare per la prima volta nell'area magnificente dell'*Haram ash-Sharif*. Nonostante i bazar ed i vicoli del Cairo e di Damasco siano molto pittoreschi ed affascinanti, nulla può essere paragonato a questo grande spazio aperto con la sua erba ed i suoi cipressi, i minareti ed i portali su due lati, le mura dall'altro, le montagne frastagliate, che possono essere viste in lontananza, e la sua libertà dal rumore e dal traffico: un ambiente perfetto per questo gruppo di edifici, che brillano di mattonelle blu e verdi, la loro caratteristica principale.

Il disegno della moschea stessa ha sollevato una lunga ed aspra controversia e per questo motivo indicheremo solo quelle notizie su cui è stato raggiunto un accordo generale. L'edificio, così come lo vediamo, consiste di una struttura esterna ottagonale, ed ogni lato delle mura esterne misura 20 metri circa ed è diviso in sette anse. Il muro è composto di pietra rivestita. Dalla parte nord, sud, est ed ovest ci sono i vani delle porte, ognuno dei quali è circondato da un portico, mentre quello posto a sud è il più perfetto ed ampio. Dai resoconti dei primi pellegrini, sembra che le 56 finestre intorno a quest'ottagono e i quattro portici risalissero all'inizio del X secolo. Secondo alcuni invece le mura esterne nella loro totalità sono state ricostruite dal Califfo al-Ma'mun nel 831, mentre altri ritengono che a quest'epoca risalga unicamente la definizione di alcuni dettagli. Invece le meravigliose maioliche persiane ed i dettagli decorativi dell'esterno sono storicamente collocabili intorno al XVI secolo.

All' interno del muro ottagonale vi è un'ampia navata e poi una serie di pilastri e di colonne, che formano anch'esse un ottagono, con due colonne poste a metà di ciascun pilastro. Dalle colonne spuntano archi semicircolari ma, essendo stati presi da edifici precedenti, i capitelli hanno i pulvini al di sotto della linea d'imposta. Travi di legno, utilizzate in poca più tarda ampiamente negli edifici musulmani, connettono i pulvini. I capitelli delle colonne hanno uno stile romano-bizantino. Sia le colonne che i pilastri sono a pianta circolare e formano una rotonda con tre colonne poste nel mezzo di ciascuno dei quattro pilastri. Gli archi poi spuntano direttamente dai capitelli delle colonne e da questo Rivoira conclude che in un determinato periodo, probabilmente nel XI o XII secolo, il numero delle colonne venne aumentato al fine di conferire alla cupola e al suo tamburo, che sono caricate entrambe sulla rotonda interna, una forza aggiuntiva. Sia la cupola che il tetto sono coperte da piombo su un'intelaiatura di legno.

Secondo le antiche cronache, la cupola originaria era ricoperta d'oro, dal momento che dopo il completamento dell'opera rimanevano ancora dei fondi, a cui vennero poi aggiunte anche donazioni private e persino gioielli delle donne. Il risultato fu così strabiliante che: "...era impossibile tenere gli occhi fissi sulla cappella, a causa della quantità di oro da cui era coperta". Poi prepararono anche una copertura di pelle e feltro, che le posero sopra durante l'inverno per proteggerla dal vento, dalla pioggia e dalla neve.

La cupola venne distrutta dal fuoco nel 1448, ma venne sostituita successivamente con un'altra, che all'interno è ricoperta di mosaici. A causa della frequenza di terremoti in Palestina, le cupole di legno spesso erano preferite.

Dopo questa breve descrizione è necessario definire la posizione della Cupola della Roccia all'interno della storia dell'architettura araba. In primo luogo, anche se il disegno dell'edificio è notevole, la pianta non è quella della *jumah* o moschea del venerdì, ma costituisce piuttosto la prima di una serie di moschee mausoleo, che sono state costruite su di un luogo sacro. Le altre tipologie di moschee conosciute nel Medioevo sono quella del venerdì e quella collegiale (*madrasah*). Ognuna di queste tre tipologie si è sviluppata secondo linee e caratteristiche proprie. La moschea a cupola che ospitava la tomba di una persona eminente era chiamata Qubba, dal cui nome deriva anche il nome della *Qubbat as-Sakhrah* (Cupola della Roccia).

L'origine di questa struttura costituisce una questione ampiamente dibattuta. Rivoria sostiene che sia di origine romana e aggiunge un ampio numero di esempi di edifici romani a sostegno della propria teoria. Altri, e sono probabilmente la maggioranza, fanno risalire sia il disegno sia la costruzione agli architetti e carpentieri di Bisanzio.

Dalla Cupola della Roccia passiamo naturalmente al piccolo edificio posto vicino ad est, la *Qubbat as-Silsilah*. Come è stato menzionato precedentemente, questa piccola struttura, secondo le antiche cronache, è stata utilizzata come casa del tesoro da Abd al-Malik e poi come modello per una nuova moschea di dimensioni superiori. De Vogue la colloca nello stesso periodo a cui risale la Cupola della Roccia, ma Rivoria, dopo un esame dettagliato sia dal punto di vista storico che architettonico, ritiene che non vi sia alcuna certezza che avvalori questa opinione che invece debba risalire ad un' epoca più tarda. Anche in questo caso le colonne utilizzate sono più antiche.

Un terzo edificio posto sul lato meridionale e conosciuto come la moschea di *al-Aqsa* venne eretto da Abd al-Malik nell'*Haram ash-Sharif*. Quest'opera costituisce un problema piuttosto difficile all'interno della storia dell'architettura. Il nome *al-Aqsa* significa letteralmente "la remota" e la *Masijd al-Aqsa*, secondo le cronache e le tradizioni arabe, significa "tempio distante" o "remoto luogo di adorazione", ossia lontano dalla Mecca. Sembra che dal principio questo nome venne applicato alla totalità dell'*Haram ash-Sharif* e successivamente solo alla moschea che lì venne costruita. Il sito di questa moschea era originariamente occupato da una delle chiese di Giustiniano, che abbiamo menzionato precedentemente e che era dedicata alla Vergine Maria. La difficoltà, che si pone davanti allo storico dell'architettura, è di decidere se questa chiesa si trovava nello stesso sito in cui è sorta la moschea e, in caso di risposta affermativa, se qualche parte della chiesa sia stata incorporata all'intero della sua struttura.

La chiesa di Giustiniano venne costruita poco tempo dopo il 530, e per la sua costruzione vennero impiegati dodici anni. Secondo De Vogue la costruzione originaria aveva la pianta di una basilica con tre navate, un semplice tetto coperto da legno tenuto su due file di colonne e su corbelli sulle mura esterne. A causa dell'ampiezza della navata centrale, le colonne avevano un diametro piuttosto ampio. Quando Umar entrò a Gerusalemme, si racconta che assolse le proprie preghiere proprio in questa chiesa, che era stata incendiata dai Persiani nel 614. Probabilmente venne ricostruita, o rimasero solo delle rovine, perché questo edificio non è presente nella lista di quelli ricostruiti da Modesto. Nel 691-692 venne ricostruita da Abd al-Malik, probabilmente con delle mura di pietra rivestita incoronata da merli. Non abbiamo alcun modo per stabilire se siano state utilizzate parti delle mura esistenti della chiesa, che a quell'epoca potrebbero essere comunque andate in rovina. Una chiesa cristiana era normalmente orientata ad oriente ed a occidente, mentre il presente edificio è orientato verso nord e sud secondo lo stile islamico. Sembra però non esserci alcun dubbio sul fatto che la parte inferiore delle presenti mura della navata maggiore della moschea si debbano ad Abd al-Malik, e che le tozze colonne di marmo con le loro decorazioni di tipo bizantino vennero tratte invece dalla chiesa di Giustiniano. Non è comunque facile determinare l'aspetto generale o le caratteristiche salienti della moschea di Abd al-Malik, anche se Rivoira crede che l'edificio ne possedesse almeno due del tutto nuove: una cupola sul *mihrab* ed una pianta a forma di T costituita da un transetto. Non è invece sicuro in merito alla presenza dei minareti in questa fase della costruzione.

Nel 746 la parte più ampia della costruzione venne distrutta da un terremoto. Venne poi restaurata dal Califfo al-Mansur intorno al 771, periodo seguito da un altro terremoto. Nel 780 venne di nuovo restaurata o meglio ricostruita dal Califfo al-Mahdi, che si dice l'abbia resa più bassa (da nord a sud) ma più ampia (dal est ad ovest). Nel secondo quarto del IX secolo un ampio portico o nartece venne aggiunto sul lato nord, dove si trova l'entrata principale dell'*Haram ash-Sharif* con le colonne di marmo, ma fu distrutto da un altro terremoto. Sul luogo dell'intersezione tra la navata centrale ed il transetto vi era una cupola, presumibilmente fatta di legno e ricoperta di zinco. Questa era la condizione dell'edificio nel IX secolo. La sua storia successiva si svolse durante le crociate, periodo in cui venne danneggiata. La sua posizione su un angolo delle grandi mura della città la resero piuttosto vulnerabile. Venne poi utilizzata dai Templari nel XII secolo come chiesa cristiana. Per questa ragione venne ulteriormente modificata e successivamente, quando Saladino riconquistò Gerusalemme, venne di nuovo trasformata in una moschea. La cupola ed il portico posto a nord vennero ricostruiti, venne eretto un magnifico *minbar* e vennero inseriti degli archi a punta nella navata maggiore, mentre durante le modifiche successive l'ampiezza venne aumentata fino alle sette navate visibili oggi. Brevemente, quindi, la presente moschea di *al-Aqsa* conserva la planimetria principale dell'edificio di Abd al-Malik, con la sua pianta a T ed una cupola posta sopra la *mihrab*, così come le colonne ed i capitelli di Giustiniano, ma nulla di più.

Durante gli ultimi anni del potere dei califfi abbasidi su Gerusalemme, la moschea non venne ulteriormente modificata, ma venne riparata in seguito ai terremoti precedentemente menzionati. Un viaggiatore del IX secolo testimonia che i cristiani ed i musulmani in quel periodo vivevano in pace, sicurezza ed in una condizione di amicizia.

Ritornando ai primi anni dell'espansione araba, scopriamo che a Damasco, che venne presa nel 635, i conquistatori non costruirono immediatamente una moschea. Fino a tempi recenti si credeva che avessero condiviso per molti anni con i cristiani la chiesa di San Giovanni: i musulmani avrebbero usufruito della parte orientale ed i cristiani di quella occidentale, anche se entrambi entravano per la porta principale, ancora esistente, risalente all'antico tempio romano. Il Caetani però ha dimostrato l'implausibilità di quest'ipotesi. Comunque è curioso che in Damasco troviamo le medesime condizioni prevalenti a Gerusalemme. Anche prima dell'era cristiana su questo sito era stato eretto una sorta di tempio greco e le rovine degli edifici che risalgono al II secolo a.C. sono ancora visibili. Rimangono anche numerose tracce del tempio romano edificato successivamente, mentre la planimetria dell'intera e vasta zona è stata ricostruita da Spiers e Dickie. Il complesso misurava 396 metri da est ad ovest e 304 metri da nord a sud ed era circondato da colonnati. Ad est ed ad ovest vi erano ampie vie d'accesso. Quella posta ad est è ampiamente nascosta dagli edifici, ma quella collocata a nord, alla fine del bazar principale, rimane in una posizione in cui può essere facilmente visibile. Nello stile ricorda un'opera fatta costruire da Diocleziano a Spalato. Il tempio stesso venne sollevato su di un podio nel mezzo di questa ampia zona e la sua entrata a sud è conservata nelle mura della presente moschea. Questo tempio venne confiscato da Theodosius, trasformato in una chiesa cristiana e dedicato nel 379 a San Giovanni. Si dice poi che venne ampliato da Arcadius, il figlio di Theodosius.

Quando poi Damasco divenne la sede del califfato, il califfo Walid I (705-15), un uomo ambizioso, dal gusto raffinato e grande estimatore dell'architettura, non era soddisfatto della condivisione della chiesa. Secondo Ibn Jubayr (1184): "...Egli avrebbe dato loro un'altra chiesa in cambio, ma i cristiani non furono d'accordo e obbiettarono alla decisione del Califfo, il quale però prese la chiesa e la fece demolire..."

La nuova moschea venne così costruita nella forma in cui la conosciamo oggi; parte delle mura del tempio più antico vennero incorporate nei lati meridionali ed occidentali. La zona coperta dalla moschea misura 161x97 metri. A sud si trova il *liwan*, che è completamente chiuso, come nel caso delle moschee del venerdì in Egitto, Arabia e Nord Africa.

Si è discusso molto sul se questa parte coperta della moschea rappresenti la planimetria o la struttura della chiesa cristiana. Però è piuttosto chiaro che la chiesa occupava precisamente il medesimo sito e che le dimensioni e la forma della presente moschea, con le sue tre navate, il suo transetto e la sua cupola, riproducano piuttosto fedelmente il modello delle ampie basiliche che ancora esistono in altre parti della Siria. Eutychius di Alessandria (876-940) afferma che: "Era una chiesa veramente ben fatta che non aveva pari in tutto il territorio di Damasco". Comunque, sia Fergusson che Rivoria sono d'accordo sul fatto che una chiesa le cui dimensioni ammontano a 135x37 metri, che dovrebbe coincedere con la parte coperta della presente moschea, sia piuttosto difficile da credersi. Infatti, tra tutte le chiese del mondo, solo quella di San Pietro ha queste dimensioni. Rivoira poi aggiunge, piuttosto plausibilmente, che mentre nella basilica cristiana il transetto è posizionato solitamente alla fine dell'edificio, in questo caso si trova al centro, e che Walid utilizzò il transetto solo per accrescere l'effetto del *mihrab* rivolto verso la Mecca.

Il grande cortile della moschea è circondato da arcate di pietra: quelle poste a nord e sud sono formate da pilastri, mentre quelle poste ad occidente e ad oriente da pilastri e colonne. Molto probabilmente i tre lati hanno mantenuto la disposizione originale di Walid, mentre l'arcata posta a nord consiste originariamente sia di colonne che di pilastri e venne ricostruita nella sua forma presente diversi secoli dopo. L'arcata posta a sud, che si apre sull'edificio, era chiusa con delle porte, a differenza della pratica usuale al Cairo ed in altri luoghi, dove viene utilizzato come cortina unicamente il *mushrabiyyah*.

Queste arcate presentano la prima importante innovazione architettonica del nuovo edificio nella forma degli archi a ferro di cavallo, che sono apparsi qui come una forma strutturale e successivamente sono diventati la caratteristica principale dello stile saraceno. Le arcate a Damasco erano poi solitamente sormontate da merli. Nella moschea di Damasco vediamo anche il primo autentico esempio dell'utilizzo della *mihrab*, la nicchia semicircolare con l'estremità a punta o circolare che indica la qibla o direzione della Mecca.

Ci è stato tramandato che ai quattro angoli della moschea di Walid si trovavano dei minareti e che, se fossero ancora esistenti, costituirebbero i più antichi esemplari conosciuti. Due di quelli posti agli angoli sud-ovest e sud-est vennero costruiti sulle esistenti torri angolari dell'edificio cristiano, la cui antica porzione bassa è ancora visibile. Invece le porzioni più alte, il minareto di Iso e di Gharbiya vennero costruiti rispettivamente nel 1272 e nel 1483. I due minareti edificati sulla parte nord della moschea non sono più presenti, ed il minareto presente, quello di Arus, vicino all'entrata posta a nord che una volta si riteneva risalisse all'epoca di Walid, è storicamente collocato da Rivoira nel X secolo relativamente alla parte inferiore, e all'epoca di Saladino per quel che concerne la porzione principale con le aperture a finestra, che tradiscono un'influenza occidentale del XII secolo, ed ad un periodo ancora successivo per quel che riguarda la leggera struttura superiore.

Si ritiene a causa di diverse prove architettoniche che la cupola venne pensata successivamente. I pilastri che la sostengono sono piuttosto massicci (39x30 metri). Secondo Rivoira questa cupola venne costruita sul modello di quella presente a Gerusalemme, che era stata completata pochi anni prima. Le cupole successive vennero costruite nel 1082 (dopo l'incendio del 1069), in seguito all'incendio appiccato da Tamerlano nel 1400, e dopo il grande incendio del 1893, che distrusse la maggior parte della porzione principale, incluse le arcate della basilica. Per questo motivo non rimane nulla della struttura originaria tranne quel che concerne le mura esterne.

Molto probabilmente la moschea originale di Walid era ricca di meravigliose decorazioni. Muqaddasi, che scriveva alla fine del X secolo, le descrive nel dettaglio. Le lastre di marmo, i mosaici, l'oro, le pietre preziose e le piastrelle smaltate coprivano praticamente ogni parte dell'edificio. Per le finestre vennero utilizzati dei vetri colorati, mentre la *mihrab* venne decorata con agata, turchese ed oro. Le vestigia di queste decorazioni possono ancora essere osservate negli atri ad est ed ad ovest, incluse le porte coperte da metalli. Le strane piccole strutture nel cortile principale, sebbene composte di antiche colonne e materiali, risalgono ad un periodo successivo rispetto all'epoca di Walid. D'altra parte, le arcate che uniscono la moschea all'entrata romana dalla parte occidentale e si estendono a nord dal minareto di Arus risalgono probabilmente all'VIII secolo e sono riconoscibili dallo stile come bizantine.

Ibn Jubayr (1184) descrive una delle colonnate nel modo seguente: "Su ciascun lato di questa colonnata vi è una fila di colonne tra le quali si trovano i negozi dei profumieri.

Sulla parte superiore vi è una seconda fila di negozi e camere in affitto, e da queste si può vedere al di sotto nel colonnato. Intorno e al di sopra vi è la terrazza del tetto, dove coloro che occupano le camere ed i negozi passano la notte (nella stagione calda). Al centro del colonnato vi è un 'ampia cisterna orlata di marmo, al di sopra della quale vi è una cupola supportata da colonne anch'esse di marmo. Intorno a questa cupola e sulla parte superiore vi è un ampio bordo di piombo, mentre la cupola è aperta al cielo. Nel mezzo della cisterna di marmo vi è un beccuccio di ottone da cui esce l'acqua con così grande forza che il suo zampillo arriva o supera l'altezza di un uomo. Tutt'intorno vi sono piccoli beccucci da cui sgorga l'acqua, così che l'intero assomiglia ai rami di un albero di argento e costituisce uno splendido spettacolo. Il colonnato che si trova davanti all'entrata occidentale [della moschea, chiamata Bab al-Berid] contiene al suo interno dei negozi di verdurai e di profumieri, e anche il mercato in cui si vendono fiori...".

Vi è un'altra antica moschea, quella di Qayrawan in Tunisi, che riveste un certo significato storico nello sviluppo dell'architettura araba. Venne edificata originariamente in una forma molto primitiva da Sidi Uqbah durante la sua spedizione lungo la costa del Nord Africa nel 670-675. Venne poi ricostruita sia alla fine del secolo e che nel secondo quarto dell'ottavo secolo sotto Bishr, il governatore di Qayrawan. Prima della fine del IX secolo venne ricostruita altre tre volte. Dal X secolo in poi furono apportate molte modifiche, anche se secondo M. Saladin, che aveva scritto una monografia sull'edificio, rimane oggi sostanzialmente come era nel IX secolo.

A differenza delle ampie moschee di Ibn Tulun e di quelle fatimidi costruite al Cairo nel IX e X secolo, compresa la grande moschea di Damasco appena descritta, questa importante moschea del venerdì ha una forma irregolare, in quanto nessuno dei suoi angoli è retto. Consiste di un ampio cortile con un doppio colonnato sul lato orientale ed occidentale, un colonnato incompleto con un ampio minareto posto ad una certa distanza dall'asse centrale ed un *liwan* piuttosto profondo, che occupa circa 1/3 dello spazio totale dell'edificio sul lato sud, quello rivolto verso la Mecca. La pianta di questa grande moschea è singolare e richiama quella di *al-Aqsa* a Gerusalemme. La maggior parte dello spazio è occupato da sedici navate parallele separate da arcate che occupano la maggior parte dello spazio, anche se la navata centrale è molto più ampia. Il *mihrab* è coperto da una cupola e qui incontra un'ampia navata all'interno del muro posto a sud, che corre lungo tutta la lunghezza del santuario, formando in questo modo una pianta a forma di T che si suppone derivi dalla forma planimetrica delle antiche basiliche. La Grande Moschea di Cordova, una costruzione degli omayyadi, ha un'ampia navata centrale ed un transetto. La moschea di Zaytunah a Tunisi (732 d.C.) ha una planimetria simile, ma le navate del *liwan* corrono parallele al muro della *mihrab*. Gli archi sono supportati su antiche colonne di marmo di diversa altezza e diametro con capitelli che sono corrispondentemente eterogenei. Come in altre antiche moschee, queste colonne e capitelli sono posti alla medesima altezza per mezzo di vari dispositivi, che però non riescono mai a produrre un effetto di uniformità architettonica. Al di sopra dei capitelli ci sono dei sottili abaci di legno e al di sopra di questi blocchi di pietra derivano gli archi, che sono di forma semicircolare prolungata considerevolmente al di sotto della linea di derivazione in modo da formare un definito "ferro di cavallo". Il risultato di questa combinazione di colonne, blocchi e archi a forma di ferro di cavallo produce un effetto di estrema leggerezza e grazia, come quello spesso associato con le diverse scuole di arte musulmana nei loro sviluppi più tardi. L'effetto nell'insieme però è rovinato dall'egualmente caratteristico utilizzo delle mattonelle di legno al di sotto le imposte, un innegabile difetto che può essere osservato in molte costruzioni arabe.

A Qayrawan le colonne sono utilizzate a coppie, quando supportano archi che si intersecano agli angoli retti, forse anticipando in questo modo i pilastri a fascio delle volte gotiche. La notevole piccola cupola posta su luogo d'intersezione delle due ampie navate davanti al *mihrab* risale alla fine del IX secolo e presenta alcune caratteristiche interessanti. La parte più importante è però costituita dal minareto, una massiccia torre quadrata alta circa 26 metri, fatta erigere da Bishr nella prima metà dell'VIII secolo, che costituisce uno dei più antichi esempi conosciuti. A Qayrawan non abbiamo alcuna indicazione della natura della porzione superiore, in quando la cupola e la parte superiore sono di epoca moderna, mentre la data della fase intermedia è piuttosto incerta. Tra questa torre robusta e piuttosto rozza e la snella bellezza del famoso minareto di Qayt-Bay al Cairo corre una grande differenza, ma possiamo presumere che anche nel periodo più antico una forma di una semplice loggia o tettoia servisse per fare ombra al *mu'adhdhin* mentre recitava il suo lungo *adhan* o per coprire l'alta torre. La moschea a Qayrawan è menzionata in quanto indica una certa fase nello sviluppo tra la Grande Moschea di Damasco e la moschea di Ibn Tulun al Cairo. Ci mostra, nel mezzo del IX secolo, la planimetria della moschea del venerdì, che consiste in un ampio cortile circondato da colonnati, una *mihrab* semicircolare affiancata da pilastri di marmo, allineata con costosi pannelli di marmo provenienti da Baghdad e circondata da una semi-cupola, tutte riccamente decorate: archi a ferro di cavallo, antiche colonne e capitelli che supportano i blocchi per gli archi, le travi di legni tra gli archi ed un alto minareto.

L'architettura islamica del Cairo

Stanley Lane Poole

Le arti islamiche sono per la maggior parte connesse con gli edifici e sono prevalentemente utilizzate per la decorazione sia delle moschee che delle abitazioni private. Tra gli esempi di arte islamica che ci sono pervenuti, la grande maggioranza forma parte dell'ornamento e dell'arredamento della moschea o, in proporzione minore, delle abitazioni private. Le opere in legno consistono per la maggior parte di pannelli intagliati delle porte delle moschee, dei pulpiti, dei soffitti e delle porte a pannello e delle finestre a grata delle case; i mosaici e gli ornamenti di marmo, non meno delle sculture di pietra, sono poste prevalentemente sulle mura delle moschee e di altri edifici. L'avorio più fine si trova nelle porte dei pulpiti musulmani e nei paraventi delle chiese copte; il vetro è rappresentato dalle lampade delle moschee e dalle finestre traforate e colorate; la ceramica è presente prevalentemente sotto forma di maioliche sulle mura delle moschee e delle case, mentre i tessuti, sebbene non siano originari dell'Egitto, formano splendidi tappeti da preghiera. L'unico ambito artistico che più o meno non mostra una connessione con un edificio è la lavorazione dei metalli, che include anche i piccoli oggetti che non hanno una posizione fissa, ma possono essere collocati in qualsiasi luogo senza tuttavia mutare la loro funzione originaria. Inoltre nel Cairo la lavorazione dei metalli può essere osservata nelle porte in rilievo di bronzo delle moschee.

Generalmente quindi si può affermare che l'arte dell'Egitto medievale fosse finalizzata prevalentemente all'abbellimento delle moschee e dei palazzi e che nella maggior parte degli ambiti artistici vi sia una certa relazione architettonica, per cui i diversi oggetti erano elaborati prestando una particolare considerazione al loro effetto sia nella moschea che in una casa privata. Comunque, gli artisti che intagliarono il legno e l'avorio per decorare le moschee debbono aver utilizzato la loro abilità anche in altre opere. Però la santità della moschea ha dato loro una misura di rispetto tale che ha permesso che le loro opere si mantenessero nel tempo; invece una protezione di questo tipo non era possibile nel caso di semplici oggetti di arredamento che avrebbero potuto rompersi, bruciarci o essere danneggiati in qualsiasi altro modo. Gli oggetti artistici che costituiscono parte degli edifici, sia sacri o meno, hanno una maggiore possibilità di conservazione rispetto a quelli trasportabili e ritengo che questa sia la ragione della relativa parzialità dell'arte del Cairo che oggi abbiamo la possibilità di studiare. Un'altra causa è la semplicità dell'arredamento islamico. La legge islamica, prima di tutto, proibisce il lusso, vieta ornamenti di oro e di argento, ricche sete e sontuosi abiti; è considerata un'empietà dipingere o cesellare l'immagine di una creatura vivente o di un essere umano. Inoltre, anche se un principe non era particolarmente sensibile all'influenza della sua religione, il costume generale del suo popolo insieme all'atteggiamento conservatore dell'Oriente, tendeva comunque a trattenerlo dall'operare eccentriche innovazioni nella decorazione del suo palazzo. I divani non offrivano materiale adatto ad un artista; le loro intelaiature, se non erano costruite da carpentieri ordinari, erano fatte di rami di palma o di semplice legno; solo la copertura poteva essere sontuosa. Un piccolo tavolo basso e rotondo molto spesso costituiva l'unico pezzo di arredamento movibile nella stanza; non vi erano sedie, librerie, specchi, appendiabiti, scrivanie o altre tipologie di mobilia, che potevano essere intagliate o intarsiate. Il piccolo tavolo, o meglio sgabello, con il suo vassoio rotondo al posto di una tovaglia, non permetteva alcuna decorazione di vetro e di argento: i pochi piatti che vi potevano essere adagiati sopra erano spesso il risultato dell'opera di squisito artigianato e spesso erano intarsiati con metalli preziosi. Quindi è naturale che sia in casa che nella moschea la capacità dell'artista si esprimesse prevalentemente nella decorazione della struttura, attraverso mosaici e maioliche sul muro, le pitture sul soffitto, i pannelli, le porte e gli armati intagliati, ed infine le finestre di vetri colorati.

In questo contesto non è comunque possibile tracciare la storia dell'architettura islamica, persino nel suo sviluppo all'interno della città del Cairo. Possiamo però limitarci a descrivere i suoi principiali edifici prestando particolare attenzione allo stile, alla planimetria e alla natura generale delle moschee e delle abitazioni private. Non sarà nemmeno necessario fare molti esempi. Le circa trecento moschee, che ancora sono presenti nella città in diversi livelli di conservazione, non offrono alcun elemento d'originalità e solo poche sono moderne e comunque prive d'importanza per gli studiosi, esclusi quelli che seguono lo sviluppo dell'arte fino all'epoca stessa della decadenza. Per quanto riguarda le abitazioni private abbiamo invece una minore possibilità di scelta. La maggior parte delle abitazioni dei signori mamelucchi da lungo tempo sono cadute in rovina e probabilmente ve ne sono ancora pochissime che possono essere considerate rappresentative del periodo d'oro dell'architettura islamica. Comunque, anche se la maggior parte dei palazzi sono ormai fatiscenti, ci sono case più piccole di notevole bellezza, che ancora conservano le caratteristiche del tipico stile del Cairo.

La planimetria della prima moschea era estremamente semplice. La moschea del Profeta a Medina consisteva in una piccola area quadrata recintata da mattoni, in parte coperta da un tetto di assi di legno supportati da pilastri coperti da tronchi di palma. Tutto ciò che era necessario era la separazione dall'ambiente circostante ed una protezione dai raggi del sole. Non vi era bisogno che l'intera superfice della moschea fosse ricoperta da un tetto, in quanto al momento della preghiera poteva essere utilizzato lo spazio aperto, qualora quello coperto dal tetto non fosse stato sufficiente.

Lo stesso principio venne conservato nella planimetria delle prime moschee costruite in Egitto. Un cortile aperto, che poteva essere utilizzato occasionalmente, ed uno spazio coperto per la congregazione regolare erano gli elementi essenziali. Nelle antiche moschee poste intorno al Cairo sono infatti presenti dei cortili spaziosi circondati dai quattro lati da colonnati o spazi coperti. La moschea di Amr a Fustat (o Vecchio Cairo) è stata restaurata così tante volte che non possiamo trarre delle conclusioni dai suoi dettagli; ma è comunque certo che risalga al X secolo per quel che concerne la planimetria, che consiste di un immenso cortile circondato da colonnati coperti (Fig. 1). La moschea di Ibn Tulun, che mantiene la sua forma originale e le cui decorazioni sono state completate nel 265 dell'Hijra (A.D. 878), consiste anche di un cortile spazioso ed aperto circondato da arcate o da *liwan*, che differisce in modo considerevole nei dettagli dai colonnati della moschea di Amr, anche se mostra la medesima pianta generale.

La moschea del fatimide di Khalif El-Hakim, terminata nel 1012, assomiglia a quella di Ibn Tulun nella planimetria ed in molti dettagli a quella di al-Azhar e, sebbene sia stata frequentemente restaurata, conserva il suo cortile colonnato risalente al 971. La moschea di Edh-Dhahir Baybars a nord del Cairo (1268) e quella di Em-Nasir Muhammad nella Cittadella (1318) presentano una planimetria ad archi, che assomiglia a quella di Ibn Tulun e che venne adottata da Kusun (1329), El-Maridany (1339) e Aqsunqur (1347) per le moschee costruite nella prima metà del XIV secolo, da Barkuk alla fine del medesimo secolo e da El-Muayyad per la moschea (1420) nella Ghoriya.

La planimetria di un cortile aperto circondato da colonnati costituisce una caratteristica dell'antico tempio semitico, osservabile anche nei portici che circondano la *Ka'ba* presso la Mecca. Gli arabi adottarono la forma loro più famigliare e anche la più adatta al clima ed al compimento dei riti religiosi.

Questa planimetria era universalmente diffusa in Egitto dal IX al XIII secolo, per quanto gli edifici esistenti ci consentano di giudicare. Dal XIII secolo l'antica planimetria inoltre ha condiviso il favore degli architetti del

Cairo con una nuova forma che rappresentava comunque uno sviluppo della precedente piuttosto che una novità. Quando nel Cairo lo spazio assunse un valore maggiore e quando l'abilità architettonica migliorò e l'arte di coprire ampi intervalli di spazio per mezzo di ampi archi si sviluppò, la moschea cruciforme sorse naturalmente dall'antico colonnato o dal cortile chiuso. Invece di circondare un cortile spazioso attraverso arcate poco profonde, un piccolo cortile venne chiuso da quattro profondi recessi o transetti, ognuno dei quali era coperto da un singolo ampio arco; la planimetria quindi assomigliava ad una croce, il cui centro era formato da un cortile aperto ed i bracci da quattro recessi coperti. Un motivo per una tale disposizione può essere trovato nelle quattro scuole di giurisprudenza che erano attive in Egitto. Alcune delle moschee a pianta cruciforme riportano infatti anche delle iscrizioni che mostrano che transetti separati erano riservati rispettivamente ai Malikiti, agli Hanafiti, ai Shafiti ed agli Hanbaliti.

Sembra che questo stile architettonico sia stato introdotto al Cairo dai sultani ayyubidi della famiglia di Saladino. I più antichi esempi sono costituiti dagli edifici di El-Kamil Muhammad, nipote di Saladino, la cui moschea collocata nella via conosciuta come Beyn-el-Kasreyn (tra i palazzi) venne eretta nell'anno 1224. Due lati di questo edificio erano ancora in piedi nel 1845, quando Mr. Wild fece alcuni schizzi della decorazione, che descrive più simile ad Alhambra che a null'altro che avesse mai visto al Cairo.

Il più famoso esempio di moschea cruciforme è quella di Sultan Hasan (Fig. 2), costruita nel 1356-9, dove gli archi che si aprono sui transetti sono di dimensioni magnifiche. La madrasa di Barkuk o la moschea in Beyn-el-Kasreyn, risalente al 1384, e le due moschee di Qait Bay, una nella città, l'altra e più famosa nel cimitero orientale, costituiscono i più imponenti monumenti del Cairo (1472) che hanno una pianta cruciforme come quella di El-Ghory (1503).

L'esempio standard della moschea con colonnato è quella di Ibn Tulun, l'audace ed impressionante stile della quale ricorda l'architettura normanna. Questa è la più antica moschea del Cairo, o piuttosto del quartiere chiamato El-Katai o "le corsie" che era la residenza dei principi della dinastia di Tulun, quando il Cairo non era ancora stato fondato. Occupa uno spazio di circa 120 metri. L'esterno è molto semplice, come sempre nel caso delle moschee di questo tipo. Un alto muro la circonda da tre lati, lasciando uno spazio di circa 15 metri tra quest'ultimo e l'edificio vero e proprio della moschea. I cortili interni, che assomigliano alla planimetria di un tempio egizio (ad Edfu per esempio), erano finalizzati ad isolare coloro che si trovavano in preghiera nella moschea dal rumore esterno. La parte frontale o lato ad est è chiusa dalla strada da case e diversi appartamenti; camere per le abluzioni ed altre stanze per coloro che si prendevano cura della moschea o per i credenti occupano invece parte del cortile esterno posto verso ovest. Le mura non hanno alcun ornamento tranne i parapetti merlati. Originariamente la moschea aveva tre entrate poste ad ognuno dei cortili esterni con due porte ciascuna; le porte sono comunque semplici e prive delle decorazioni osservabili nelle moschee successive.

Passando attraverso il muro di partizione interno ci troviamo in un portico che si affacciava in un cortile magnificamente ampio di 89 metri (Fig. 3), al centro del quale vi è un edificio di pietra sormontato da una cupola di mattoni, costruita un secolo dopo al posto dell'originaria fontana di marmo coperta da una cupola che poggiava su pilastri dello stesso materiale. Questo ampio cortile è circondato da tutti i lati da archi a punta che poggiano su pilastri di mattoni. Si racconta che Ahmad ibn Tulun volesse per questa moschea 300 colonne, ma quando venne informato che questo avrebbe implicato la distruzione o lo smembramento di numerose chiese nella terra d'Egitto -in quanto i musulmani trassero le loro colonne dagli edifici sia romani che greci- abbandonò il progetto. Il suo architetto principale, un copto, le cui simpatie religiose potrebbero aver avuto un'influenza positiva sulla clemenza di Ibn Tulun verso i cristiani, cominciò così a costruire una moschea senza colonne, tranne le due poste presso la *mirhab* che segna la direzione della Mecca. I lavori iniziarono nel 263 A.H. e vennero completati nel 265 (878 d.C.). Lo storico El-Makrizy ha affermato che la moschea di Ibn Tulun costituisce il primo tentativo di utilizzo di pilastri di mattoni al posto di colonne di pietra. Tre lati di questa moschea hanno due file di archi, mentre la quarta, che si trova nella direzione della Mecca, ne ha cinque.

Gli archi corrono paralleli ai lati del cortile e sono tutti a sesto acuto e costituiscono il primo esempio dell'utilizzo di questo tipo di archi nelle costruzioni circa tre secoli prima che fossero impiegati dagli architetti inglesi. Questi archi poggiano poi su pesanti pilastri di mattoni, i cui quattro spigoli sono plasmati a forma di colonne prive di base con semplici capitelli rotondi e rivestiti di stucco come il resto dell'edificio, su cui sono modellati dei motivi floreali piuttosto rudimentali. Gli spazi tra gli archi sono riempiti parzialmente da finestre con finte colonne ed archi a sesto acuto. Su entrambi i lati di ciascuna finestra, sulla parte rivolta verso il cortile, vi è una rosetta modellata nello stucco e una banda di rosette simili corre tutt'intorno al cortile sopra gli archi, su cui è posto un parapetto merlato. Le parti delle arcate rivolte verso l'interno sono invece lavorate in modo differente. Intorno alle arcate e alle finestre corre un motivo floreale, che decora anche gli archi sotto le finestre. Il medesimo motivo corre anche lungo gli archi al posto delle rosette, che si trovano solo sulla parte che si affaccia sul cortile. Su questa banda decorativa vi è un'iscrizione in kufico intarsiata nel legno, che corre anche lungo le arcate a loro volta sormontate da un parapetto merlato. Le arcate sono coperte da travi di sicomoro poggiate su pesanti travi. Il muro posteriore dell'arcata ospita delle finestre a forma arcuata, che non sono coperte dal vetro bensì da griglie di pietra che formano dei disegni geometrici con rosette o stelle centrali. Non si può però affermare con sicurezza che questa decorazione appartenga alla moschea originale oppure se siano state introdotte successivamente durante un'opera di restauro. Comunque, a qualsivoglia periodo appartengano, possono essere favorevolmente paragonate per la varietà ed il disegno con gli esemplari gotici esistenti. Con l'eccezione di queste griglie, la fontana centrale e le due colonne di marmo poste ai lati del *mirhab*, l'intera moschea è costruita con mattoni cotti e ricoperti su entrambi i lati.

Il lato rivolto verso la Mecca, che costituisce il *liwan*, è più profondo e, come è stato precedentemente affermato, consiste di cinque arcate invece di due, mentre gli archi rivolti verso il cortile sono riempiti quasi fino all'altezza dei pilastri da paraventi di legno, che corrono lungo il santuario. Riporta le medesime decorazioni delle altre arcate eccetto per quel che riguarda il muro nero, che dagli altri lati è semplice, tranne che per le finestre a griglia, mentre sulla parte orientale pare che una volta fosse decorato, sebbene al presente rimane poco del mosaico originale e del colore che El-Makrizy afferma fosse stato utilizzato per la sua decorazione.

Le componenti essenziali della parte orientale di una moschea sono il *mirhab* o la nicchia che indica la *qiblah*, o la direzione della Mecca, il minbar o il pulpito per il sermone del venerdì e la *dikka* o tribuna, una piattaforma sopraelevata da cui viene recitato il Corano e le preghiere intonate dall'Imam. La nicchia è generalmente collocata in un recesso arcato posto al centro del muro orientale, riccamente intagliato con mosaici di marmo e di madreperla e spesso bordato con iscrizioni arabe. La *mirhab* di Ibn Tulun è adornata da marmi di diversi colori. Molto spesso l'intero muro orientale è coperto con ornamenti; dadi di mosaici, fregi d'iscrizioni, pannelli di marmo e maioliche sono disposti con gusto squisito sull'intera superficie, interrotta solo dalle vetrate di vetro colorato che costituiscono una meravigliosa caratteristica osservabile anche nelle moschee edificate successivamente.

Al termine di ciascun *liwan* vi è un piccolo minareto, mentre nel cortile occidentale esterno è visibile anche un grande minareto di pietra, che ha la peculiarità unica di avere una tortuosa scala esterna (Fig. 4) che ricorda una delle tradizionali torri di Babele nei libri per fanciulli. Comunque, il minareto ordinario, che costituisce la caratteristica esteriore più bella delle moschee del Cairo se non, come sostiene Fergusson, "la forma più graziosa dell'architettura della torre nel mondo", ha un'interna scala tortuosa e consiste di una snella torre costruita su diversi piani, che generalmente diminuisce in taglia ed in forma, da un quadrato alla base, attraverso degli ottagoni graduati, fino ad un cilindro o un gruppo di colonne nane sulla sommità, su cui è posta una piccola cupola sormontata da un pinnacolo annodato e da una mezza luna. Sulla base della cupola sono fissati dei legni da cui nei giorni di festa sono sospese delle lampade. L'interno del minareto è costituito da due o tre gallerie progettate a diverse altezze, supportate da mensole e da cornici, dalle quali il *muezzin* cinque volte al giorno recita la chiamata alla preghiera (*adhan*). El-Makrizy ci ha tramandato che il primo minareto di pietra del Cairo fu quello della moschea di El-Maridany costruito da Suyufi, mentre i precedenti erano tutti fatti di mattoni. Un meraviglioso esempio di minareto è visibile nella stampa della moschea di Qait Bay. Qualche volta la cupola posta sulla sommità è scanalata, come nel caso di un grazioso minareto nel cimitero a sud del Cairo, che si assottiglia dal quadrato di partenza andando verso l'alto attraverso una serie di ottagoni, che diminuiscono in ampiezza fino a quando si arriva alla forma rotondeggiante. Le transizioni sono strutturate attraverso ornamenti di stalattiti e di pendenti, che costituiscono la caratteristica principale dell'architettura islamica e sono utilizzati liberamente per mascherare gli angoli e per modulare le transizioni come quelle nella cupola e nel minareto. Nel descrivere il minareto stiamo comunque anticipando i tempi, in quanto le prime moschee non presentavano molti dei graziosi dettagli che possiamo invece osservare nella moschea di Kait Bey. Il grande minareto di Ibn Tulun diminuisce procedendo verso l'alto, ma non ci sono stalattiti in nessuna parte di questa moschea, tranne per quel che concerne il *mirhab*, e costituiscono molto probabilmente un'aggiunta successiva.

Non abbiamo detto ancora nulla in merito alla cupola in quanto la moschea di Ibn Tulun non ne presenta nessuna. È un errore infatti ritenere che la cupola costituisca una caratteristica essenziale di una moschea. Il minareto è essenziale in quanto è necessaria una torre sopraelevata da cui effettuare l'*adhan* in maniera che risuoni per tutta la città, sebbene non fosse presente nella stessa moschea di Medina, dove Bilal con la sua voce stentorea recitava la chiamata alla preghiera da un edificio adiacente. Una cupola, invece, non aveva alcuna relazione con la preghiera e, di conseguenza, con l'edificio della moschea. Costituisce invece il tetto di una tomba ed esiste unicamente nel luogo in cui vi è una tomba da coprire o dove si fosse stabilito che doveva essercene una. Solo nel caso in cui vi sia una cappella adiacente ad una moschea, che contiene il sepolcro del fondatore o della sua famiglia, vi è anche una cupola che è connessa alla tomba stessa più che alla moschea.

Comunque, un ampio numero di moschee del Cairo è costituito da mausolei che contengono la tomba del fondatore e quindi, se si guarda verso il basso, dai merli della cittadella è possibile vedere una profusione di cupole. Di conseguenza si è portati a pensare che la struttura architettonica di una moschea richieda necessariamente la presenza di una cupola.

Le origini della cupola possono essere ricondotte alle costruzioni che coprono le tombe in Babilonia, molte delle quali erano sicuramente famigliari agli arabi, che hanno mantenuto il carattere essenzialmente sepolcrale della forma e non la hanno mai utilizzata, come i Copti ed i Bizantini, come copertura del luogo di culto o del suo abside.

La forma della cupola del Cairo non assomiglia a quelle visibili in Italia o in Saint Paul; come la maggior parte dei disegni dei musulmani si basa su semplici proporzioni geometriche. Per delineare la figura del modello ordinario di cupola (Fig. 5), al quale vi sono comunque delle eccezioni, è sufficiente tracciare un cerchio A, disegnare due tangenti B e B della lunghezza di ¾ del raggio, unire le estremità, da cui poi disegnare un cerchio C, il cui raggio deve essere uguale all'intero diametro del primo cerchio più 1/8. Nel punto d'intersezione dei due cerchi è poi possibile erigere un pinnacolo. Tutto ciò può essere tracciato con un compasso ed un righello.

Le cupole sono generalmente costruire di mattoni e non sono plasmate per adeguarsi alle curve, ma semplicemente ogni livello si posa all'interno di quello più basso a formare una curvatura; l'intonaco che ricopre la maggior parte delle cupole sia all'interno che all'esterno nasconde poi la leggera irregolarità dei lavori di mattonatura. Qualche volta sono utilizzate delle intelaiature di legno per supportare le cupole più leggere, come appare nel primo piano della figura (Fig. 6). Alcune cupole, invece, sono fatte di pietra, che viene tagliata della forma nella curva e intagliata secondo il modello desiderato. Ho notato che le cupole semplici e scanalate sono di mattoni intonacati, mentre quelle decorate con ornamenti geometrici ed arabeschi sono più comunemente fatte di pietra intagliata. La superficie delle cupole è decorata in vario modo. Qualche volta sono coperte di un intricato disegno geometrico, con una stella al centro, come nel caso delle cupole di Qait Bay e Al-Ashraf Bars-Bey nel cimitero orientale. Una decorazione comune consiste in bande di serpentine vicinissime che corrono orizzontalmente attorno alla cupola dalla base all'apice, come possiamo osservare nella moschea-tomba di Barkuk (1407). Molte cupole sono scanalate e sembra che appartengano a tutti i periodi dell'architettura del Cairo, perché troviamo questo tipo di elemento architettonico sui *mibkharas* o quasi minareti della moschea di El-Hakim (1012), anche se quest'ultimi possono comunque risalire al restauro avvenuto nel 1303, dove sappiamo che i *mibkharas* erano mantenuti su basi massicce, e anche nelle copule del cimitero a sud che apparentemente risalgono al XV secolo. Una forma più tarda e più rara di decorazione della cupola consiste nel coprire l'intera superficie con arabeschi disposti in ampie linee, che formano una sorta di pannello che ha un effetto molto più ricco del semplice ornamento geometrico. Ci sono pochi esempi appartenenti ad un periodo piuttosto antico, che mostrano una lanterna con piccole finestre posta con una piccola cupola scanalata sull'apice di una più ampia. Costruzioni di questo tipo sono visibili nella parte del cimitero posta a sud, ma sono in uno stato di conservazione tale che non ci permette di fare alcuna ipotesi relativamente alla data di costruzione. Certe caratteristiche delle stalattiti, comunque, c' inducono a pensare che possano risalire all'epoca degli Ayyubidi (1170-1250). Alcune di queste cupole allungate hanno una seconda cupola più bassa al loro interno, da cui partono le mura per supportare la cupola esterna. "La cupola" come ha osservato Franz Bey " è unita alla parte quadrangolare del mausoleo attraverso delle stalattiti, mentre esternamente l'unione del cubo con la sfera è mascherata dalla base poligonale della cupola. In alcuni casi invece la transizione è marcata da gradazioni di gradini simili, ognuno dei quali presenta sulla sommità una sporgenza a forma di mezza piramide. Queste sporgenze possono essere considerate dei prolungamenti esterni delle stalattiti nella parte interiore, anche se non corrispondono nella posizione in cui sono collocati. Comunque, gli architetti intendono senza dubbio suggerire una sorta di connessione tra la decorazione interna e quella esterna". Qualche volta la cupola è posta semplicemente sul cubo dell'edificio senza alcuna gradazione, mentre una fila di finestre solitamente circondano la base.

Le cupole insieme ai minareti costituiscono una delle caratteristiche più prominenti dell'architettura del Cairo. Come è stato osservato precedentemente, le cupole sono del tutto assenti nella moschea di Ibn Tulun così come nelle altre del medesimo stile. La moschea di El-Hakim non ha una cupola così come quella di al-Azhar, di En-Nasir nella Cittadella, quella di El-Maridady e molte altre, a causa dell'assenza di tombe. Barkuk e El-Muayyad sono stati sepolti nelle moschee fatte da loro costruire e per questa ragione le loro tombe sono coperte da cupole. Nel centro del cortile della moschea di Ibn Tulun è posta una struttura munita di cupola, che però costituisce un'aggiunta di epoca successiva. Non sappiamo se Ibn Tulun avesse intenzione di essere sepolto in questa moschea, perché quando morì i suoi resti furono deposti in Siria.

In alcune delle moschee con cortile vi è però una caratteristica che assomiglia ad una cupola. Si tratta di una piccola costruzione posta sopra il *mirhab* come nel caso della moschea di Ibn Tulun e, sebbene risalga molto probabilmente al 1296, data del restauro effettuato da Lagin, a giudicare dalle stalattiti di legno assenti nelle altre parti della moschea, è comunque probabile che il restauratore abbia solo sostituito la cupola originaria con una di stile contemporaneo. La moschea dell'università di al-Azhar, costruita un secolo dopo quella di Ibn Tulun, presenta una parte dell'arcata sollevata sopra la *qiblah*, che una volta doveva sostenere una piccola cupola. La stessa caratteristica può essere osservata nella moschea di Muhammad En-Nasir nella cittadella, in cui la cupola, che poggiava su alte colonne, non è più presente. Queste cupole poste sopra i *mirhab* non solo tali propriamente parlando e, sebbene la forma sia simile, sono molto più piccole di una vera cupola e assomigliano piuttosto all'abbaino di una casa.

La decorazione della moschea con il cortile consiste in parte nei bordi e nei fregi, che corrono intorno e sopra gli archi e al di sotto dei parapetti merlati e nei capitelli delle colonne e le griglie geometriche delle finestre, di cui le moschee di Ibn Tulun e di Edh-Dhahir Beybars offrono degli esempi piuttosto eleganti. Alcune meravigliose griglie sono ancora osservabili nelle rovine della moschea di Kusun nel 1883. Le sue decorazioni sono di pietra e di stucco. Le decorazioni principali sono costituite da fregi kufici, che possono essere a volte di stucco, dal tetto che spesso è squisitamente dipinto e lavorato, dall'unione con il muro nascosto da una cornice o da corbelli di stalattite e dal pulpito. I mosaici e le mattonelle sono principalmente o esclusivamente utilizzati intorno alla *mirhab* sul lato orientale, mentre le porte sono decorate con metalli lavorati.

Le moschee di Ibn Tulun, El-Hakim e Barkuk hanno gli archi supportati da pilastri, che corrono ad angolo retto lungo il lato del cortile, ma la moschea di Amr, di al-Azhar, di En-Nasir nella Cittadella, di Kusun, El-Maridany ed altre hanno delle colonne al posto dei pilastri e gli archi a volte corrono paralleli al cortile stesso. Le colonne di marmo impiegate nelle moschee, che sono spesso molto numerose (al-Azhar ne ha 380 nel solo *liwan*), erano generalmente prese dagli edifici romani o dalle chiese cristiane, con capitelli di vario ordine spesse volte disposti con poca considerazione verso la simmetria e prolungate in modo pittoresco, se troppo corte, con un piedistallo o un capitello rivoltato come base. Vi è un capitello di stile islamico derivato dal semplice modello tolemaico, ma dotato comunque di un carattere distinto. Viene utilizzato sia come capitello che come base ed è contenuto da quattro superfici che procedono in curve da un abaco quadrato unito alla rotonda delle colonne. Al di sopra di questo, e anche delle colonne corinzie e romane, è posto un secondo abaco fatto di legno, unito da pilastro a pilastro da una barra di legno. La moschea di Barkuk non è solo circondata da archi su pontili, ma invece di un soffitto ha un tetto fatto di mattoni a croce, che è piuttosto raro in una moschea ma piuttosto frequente negli altri edifici -come nella grande porta di accesso di pietra, la *Bab-en-Nasr*.

La moschea del Sultano Hasan costituisce l'esempio migliore di moschea dalla planimetria cruciforme (Fig. 7). Questo magnificente edificio, il più alto e sotto determinati punti di vista il più imponente del Cairo, venne costruito durante gli anni 1356-9, al costo di 1000 dinar di oro al giorno. La parte interna della moschea consiste in una pianta a forma di croce, il cui transetto sul lato orientale paragonabile ad uno coro, è più ampio degli altri tre, mentre la cappella del fondatore (sul quale vi è una cupola) occupa la posizione dietro il coro. Il profilo della cappella del fondatore è visibile dall'esterno, ma non la forma; gli spazi negli angoli retti, tra i quattro transetti, sono pieni di uffici, scuole ed altri appartamenti. La parte esteriore invece ha la forma di un rettangolo irregolare, il cui profilo pendente è dovuto alla linea della strada che corre dopo la moschea, verso la Cittadella. Le mura esteriori dalla base all'apice della cornice sono alte 34,44 metri e sono interamente costruite di pietre finemente tratte dalle piramidi. L'ampia distesa del muro è leggermente intercalata da finestre, di cui la più prominente -quella della cappella del fondatore- consiste in due aperture a ferro di cavallo sormontate da una piccola finestra circolare posta in un ampio recesso poco profondo, che è condotto avanti alla sommità dalla facciata del muro da mensole di stalattiti che supportano un arco a trifoglio. Le altre finestre sono costituite da semplici griglie rettangolari (a volte otto, sua sopra l'altra) poste in recessi poco profondi con stalattiti alla sommità o piccole finestre circolari collocate in recessi circolari. Gli angoli orientali dell'edificio principale ricordano le torri poligonali e gli angoli della cappella sono decorati con graziosi intonaci o colonne a muro, che raggiungono appena la metà della sua altezza. La cornice, che è insolitamente prominente in questa moschea e forma una delle sue più belle caratteristiche, consiste in sei livelli di stalattiti, ognuna delle quali sporge su quella sottostante, fino a raggiungere un'altezza di circa 2 metri. Le altre decorazioni esterne sono: 1-La cupola, che è stata ricostruita nel secolo scorso e sebbene larga è piuttosto tozza, 2-I due minareti, dei quali quello posto a sud-est è il più alto del Cairo (84 metri). Quest'ultimo ha una struttura elegante con due gallerie ed una cupola sulla sommità posta su graziosi pilastri eretti sopra una terza galleria. Un altro alto minareto, sul portale, crollò in seguito al terremoto del 1361, subito dopo il completamento. Quello rimanente invece ha una struttura più esile e conferisce alla moschea un aspetto sbilenco. Non possiamo poi dimenticare lo splendido portale principale (Fig. 8). Questa via d'accesso, che si raggiunge attraverso diciassette scalini piuttosto ordinari, è posta di lato lungo il muro. Il portale consiste di una nicchia quadrata arcuata alta 20 metri aperta verso l'esterno e con una volta a mezza sfera gradualmente avvicinata da dodici livelli di stalattiti, ingegnosamente disposti per modulare il recesso quadrato in una sommità a semi-cupola. A ciascuno dei lati del portale, sul muro esterno, vi sono alti bordi di arabeschi sormontati da stalattiti e medaglioni di arabeschi posti alla base, che corrono lungo tutta l'altezza del portale. Dietro di questi, ad ogni lato, sono posti dei pannelli geometrici e poi colonne attorcigliate con capitelli di stalattite ed ornamenti di disegni geometrici ed arabeschi. Sull'altro lato della nicchia, vi è un recesso a forma di arco per il guardiano della porta, posto tra le colonne e sormontato da stalattiti e motivi di pietre colorate. Sulla porta centrale ricoperta di bronzo, che conduce dentro alla moschea, vi è una finestra con colonne e stalattiti laterali. Le superfici delle mura interne della via d'accesso sono poi decorate da marmo bianco e nero alternato.

Entrando nella moschea, attraverso un vestibolo a volta ed alcuni passaggi curvi, ci troviamo nel cortile pavimentato con lastre di marmo e medaglioni disposi secondo diversi motivi. In molte moschee massicce lastre di granito prese dai templi egiziani e qualche volta decorate con geroglifici sono poste sul pavimento, in modo particolare sulla soglia. Nel centro vi è una *meyda*, o recipiente per le abluzioni, sormonta da una cupola di legno intonacata ormai in rovina, poggiata su otto colonne di marmo, al lato del quale si trova una fontana ottagonale più piccola, o *ha-nafya*, con dei rubinetti, dal momento che la scuola hanafita afferma che le abluzioni preparatorie per la preghiera debbano essere condotte con l'acqua corrente. Ognuno dei quattro transetti, che si aprono verso il cortile e sono elevati un gradino al di sopra del suo livello, consistono in un singolo arco profondo, mentre altri archi corrono lungo tutto il transetto. Su ciascun lato dei transetti vi è una porta posta in un recesso di stalattiti con delle finestre. Il transetto della parte orientale è più ampio e più alto degli altri tre e misura 27x27x21 metri. Come il resto della moschea, le parti interne dei transetti sono fatte di mattoni coperti dall'intonaco, ma i rivestimenti degli archi sono di pietra e le mura, che connettono e circondano gli archi formando un profilo quadrato del cortile, sono state fatte anch'esse di pietra ma coperte d'intonaco. La copertura del cortile è formata da un parapetto merlato. I transetti più piccoli sono semplici, ma il *liwan* ad oriente è decorato con un dado di marmo che corre tutto intorno fino all'altezza di circa 160 cm, mentre il muro orientale o la parte posteriore è decorata riccamente con lastre di marmo che arrivano all'altezza di 914 cm e sono sistemate in pannelli rettangolari e bordature di colori a contrasto, neri, bianchi e gialli. Al centro del muro orientale è posta la *mirhab*, che indica la direzione della preghiera verso la Mecca e consiste in un recesso semicircolare ampio 182 cm, i cui angoli frontali sono composti da due colonne di marmo e la sommità di un arco con la punta a volta somigliante ad una conchiglia. La parte interna della nicchia è adornata splendidamente con tre strati di archi (il primo a sesto acuto, il secondo a tutto sesto, ed il terzo a trifoglio) supportati da colonne nane sovrapposte e divisi da bordi di arabeschi e bande di pietra verde. Gli sfondi degli archi dietro le colonne nane sono alternativamente di marmo rosso e verde. La sommità della nicchia somigliante ad una conchiglia è decorata da marmi sistemati in raggi e la parte frontale dell'arco è decorata con i comuni ornamenti a serpentina, che possono essere osservati piuttosto frequentemente intorno agli archi e sulle porte del Cairo. L'effetto del insieme è estremamente ricco ed i dettagli sono curati con infinita cura ed abilità. Un'iscrizione kufica di ampi caratteri in grassetto all'interno dei bordi raffinati corre intorno a tutto il *liwan* appena sopra i marmi e si sovrappone agli angoli dell'arco. Al di sopra di questo, nel muro orientale, ci sono due finestre, con un' apertura circolare centrale. Davanti alla *mirhab*, sulla parte sinistra, si trova il pulpito, una scala chiusa da entrambi i lati che termina in una piccola piattaforma coperta da una cupola sorretta da una colonna su ciascun lato. La maggior parte dei pulpiti sono formati da pannelli di legno intarsiato, ma quella del Sultan Hasan è fatta di marmi colorati disposti in medaglioni circolari. Ancora più avanti, vicino al cortile, si trova la *dikka*, o tribuna, che nella maggior parte delle moschee è costituita da una leggera struttura di legno, ma in questo caso è fatta di pietra e marmo e è sostenuta da solidi pilastri e colonne. Dalla sommità dell'arco pendono settantasette corde, a cui sono attaccate piccole lampade di vetro, e molte altre sono sospese dai semplici dispositivi posti lungo le mura interne, circa a metà tra il dado e le iscrizioni arabe.

Un ampio candeliere di bronzo che pende dalla chiave di volta del grande arco completa poi l'arredamento del *liwan*. Attraverso una porta placcata di bronzo, su entrambi i lati del *mirhab*, si accede alla cappella sepolcrale del sultano che ha fatto erigere la moschea. Questa è la porzione dell'edificio sulla quale si trova la cupola. Misura ventuno metri quadri, ed è circondata da ogni lato da lastre di marmo colorato, che formano a sua volta un dado alto circa 762 cm o più, interrotto da undici archi, sia ciechi o con porte chiudi-armati, inclusa una nicchia nella parte orientale somigliante a quella precedentemente descritta. Sui marmi il versetto del Trono del Corano è intagliato nel legno e forma un fregio circolare, che viene interrotto solo da medaglioni che riportano il nome del sultano. I portalampade sono posti al di sopra del fregio. Sulla parte superiore si trovano delle finestre in cattivo stato di conservazione; la maggior parte del vetro manca ed il rimanente ricorda quello delle bottiglie. Al di sopra vi sono delle stalattiti di legno, dipinte e dorate, che segnano il passaggio dal quadrato alla cupola. La tomba del sultano è una semplice costruzione di marmo circondata da un parapetto di legno. Bisogna comunque notare che la cappella sepolcrale non è circondata, come nel caso delle altre parti della moschea, da uffici, scuole o camere di diverso tipo; tre dei suoi lati coincidono con le mura esterne, mentre il quarto con quello orientale del *liwan*.

Questa è la moschea del Sultan Hasan, che costituisce un tipico esempio di moschea a pianta cruciforme, sebbene i suoi materiali siano più costosi del normale e la sua grandezza superi tutte le altre moschee della stessa tipologia. In nessuna di esse però troviamo il nobile intervallo di archi, il medesimo impiego di marmi, ed in una parola sola la stessa magnificenza. Comunque ci sono nel Cairo molte altre moschee che appaiono più piacevoli allo sguardo di quelle di Sultan Hasan, la cui superficie ampia di intonaco uniforme trova una compensazione adeguata nei ricchi ma pesanti mosaici del muro del *liwan*. Inoltre, nonostante queste straordinarie proporzioni, vi è qualcosa di sgraziato nella parte esterna di questa grande moschea: le mura di pietra, oltre a non essere parallele, sembrano pesanti ed insufficientemente livellate; la cupola, essendo moderna, è piuttosto sgraziata, mentre i minareti non sono in armonia con l'intera costruzione.

Come differente esempio di una moschea della medesima pianta cruciforme, possiamo prendere in considerazione il mausoleo di Qait Bay, un altro sultano mamelucco conosciuto come il principe dei costruttori del Cairo.

Questa moschea è situata in quel deserto di squisite cupole e minareti conosciuti come la Parafa grande ed orientale, e anche come la Parafa di Qait Bay (Fig. 9). Qui è possibile osservare cupola e minareto al livello massimo di perfezione, insieme alle proporzioni equilibrate della pianta cruciforme della moschea. La parte esteriore è scanalata con recessi poco profondi, come nel caso della moschea di Sultan Hasan, in cui sono sistemate le finestre, ed è a strisce rosse e bianche in imitazione senza dubbio delle antiche costruzioni romane d'Egitto, dove linee di mattoni rossi si alternano ad una linea di marmo bianco. L'effetto non è così poco piacevole come si potrebbe ritenere perché quando il color ocra è stato reso più sbiadito dal tempo, la decorazione a strisce assume un carattere adatto all'architettura dell'intero edificio. La porta è collocata in un recesso profondo che assomiglia a quello del Sultano Hasan, ma su scala minore, ed i dettagli di queste porte possono essere osservati meglio nelle incisioni che rappresentano l'accesso ad un'altra moschea del medesimo sultano all'interno della città del Cairo. La moschea di Qait Bay, e quelle che generalmente appartengono ad un periodo più tardo, sono decorate in modo molto più elaborato delle moschee più antiche, come ad esempio quella di Ibn Tulun. Abbiamo visto che l'ornamento nella seconda consiste prevalentemente in bande e fregi che corrono intorno e al di sopra degli archi e nei mosaici del *liwan*. Nella moschea di Qait Bay gli spazi triangolari tra gli archi ed il quadrato del cortile sono riempiti di arabeschi incisi nella pietra; la pietra di volta e ogni pietra alternata nell'arco sono decorate in modo simile; le porte all'interno sono sormontate da architravi intagliati sui quali ci sono piccole finestre tra i pilastri sormontate da stalattiti. Ampi gruppi ornamentali riportano al centro dei medaglioni su cui sono scritti il nome ed il titolo del Sultano che ha costruito la moschea, con una preghiera -"Che possa essere vittorioso!"- mentre marmo intarsiato copre la porzione inferiore delle mura e lastre di marmo sono sistemate sul pavimento. L'intera superficie della parte interiore assomiglia ad un tappeto meravigliosamente tessuto e ricamato e, anche se è possibile muovere qualche critica alla indeterminatezza strutturale dell'edificio, tuttavia è impossibile non esprimere ammirazione verso i dettagli decorativi. Queste moschee decorate in modo piuttosto complesso hanno una forma cruciforme notevolmente ridotta, in quanto un'eccessiva ampiezza delle mura non solo avrebbe richiesto la disponibilità di un' eccessiva quantità di materiali costosi, ma non avrebbe nemmeno manifestato nell'effetto l'impegno dell'artista.

I due tipi generali di moschea descritta precedentemente, con i loro stili usuali di decorazione, daranno un'idea sufficiente delle finalità dell'arte islamica, anche se nello stesso tempo non esauriscono il carattere architettonico o i modelli decorativi degli edifici religiosi del Cairo. In questa sede non è possibile analizzare tutte le tipologie di mausolei ed altri edifici presenti nel Cairo. Sarà quindi sufficiente prendere in considerazione alcuni esempi e, mentre le moschee ricadono in una delle tipologie precedentemente descritte, vi sono molte costruzioni che mostrano delle caratteristiche particolari. Possiamo citare come esempio il mausoleo di Kalaun (Fig. 10). Quest'edificio è adiacente al lato nord del grande ospedale o Maristan fatto costruire dal Sultano nel Beyn-el-Kasreyn e separato da esso da un passaggio a volta, a cui si accede attraverso un meraviglioso portale di marmo bianco e nero. Il Maristan originariamente comprendeva un diverso numero di camere, aule, sale operatorie, sale mortuarie, appartamenti per i professori, celle per i pazienti psichiatrici, una moschea ed altre, di cui però rimane molto poco. Però, la tomba del committente dell'edificio, a cui si accede attraverso un passaggio che si trova al lato opposto dell'entrata vera e propria del Maristan, si trova in una buona condizione di conservazione e mostra molte caratteristiche peculiari. È fatta di pietra e consiste in un vestibolo ed in una cappella anteriore ed una quadrata coperta originariamente da una cupola, ma ora solo da un tetto piatto. Il supporto della cupola è costituito da una interna struttura ottagonale, che riposa su otto archi, di forma allungata e somigliante a quella del ferro di cavallo, supportata da quattro pontili e quattro massicce colonne monolitiche di granito. Gli archi sono circondati da un bordo di un traforo molto delicato di fini arabeschi in stucco, che finiscono in ciascuno degli otto archi in una rosa di arabeschi a disegno libero. Al di sopra di ciascun arco vi è una finestra composta da lucernai arrotondati. Il *mirhab* è decorato con meravigliose arcate nane, i cui archi sono cesellati delicatamente a forma di conchiglia e supportati da piccoli pilastri. Bande di marmi colorati separano ogni strato dall'altro. La tomba di marmo si trova al centro della cappella, che a sua volta è chiusa da un parapetto di legno a grata piuttosto grossolano. Invece le magnifiche incisioni sulle porte del Maristan fanno perdonare ogni difetto presente nella tomba.

La parte esteriore del mausoleo è decorata con quadrati bianchi e rossi somiglianti ad una scacchiera ed è piuttosto peculiare sotto altri punti di vista. Alla base, una mezza dozzina di colonne nane, che a loro volta sono sormontate da alti piloni o pilastri, supportano alti recessi arcati che corrono per quasi tutta l'altezza del muro. I recessi non sono tutti di grandezza eguale e quello più ampio è occupato da una singola finestra tra colonne, mentre il più piccolo da una finestra simile. Le finestre, a loro volta, sono coperte da griglie decorate con disegni geometrici e le porzioni arcuate dei recessi, in cui sono poste, sono colorate a strisce bianche e rosse allo stesso modo delle colonne. Al di sotto della fila di finestre, vi è un fine fregio arabo che corre sia attraverso i pilastri che i recessi, ed è dipinto in rosso, mentre al di sopra del muro vi è un parapetto merlato fatto a serpentina e decorato con motivi geometrici. La cornice è costituita da una semplice linea doppia. Sulla sommità ci sono delle finestre poste in archi puntati dalla struttura interna ottagonale, che dovrebbe essere incoronata da una cupola, e sul lato destro vi è un massiccio minareto a forma quadrata (risalente ad un periodo posteriore) a tre piani, ognuno con una galleria supportata da semplici cornici di stalattiti. Il primo è decorato con motivi a scacchiera bianchi e rossi, il secondo in bande rosse e bianche, il terzo invece, di forma cilindrica, con colonne a strisce sormontate da trafori di archi intrecciati.

Fig.1: Colonnati della moschea di Amr, Cairo

Fig.2: Moschea del Sultano Hasan, Cairo

Fig. 3: Moschea di Ibn Tulun, Cairo

Fig. 4: Particolare del minareto della moschea

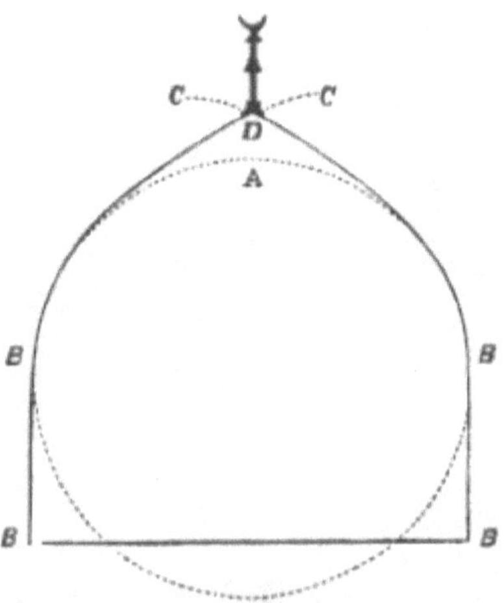

Fig. 5: Diagramma della proporzione di una cupola

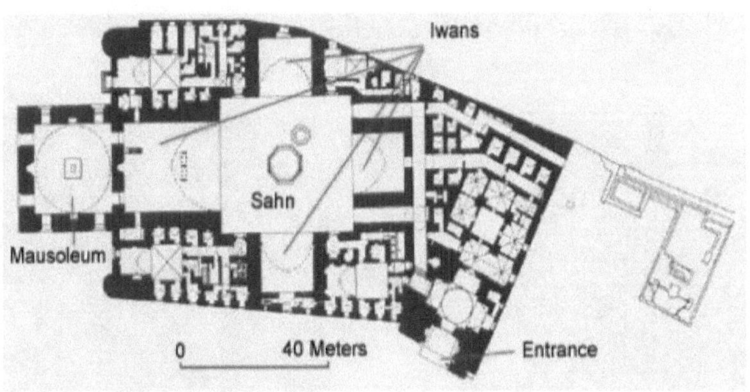

Fig.6: Pianta della moschea del Sultano Hasan

Fig. 7: Portale della moschea del Sultano Hasan
Fig. 8: Moschea di Qaitbay

Fig. 9: Cupola del complesso di Qaytbay, Cairo, Egitto

Fig. 10: Mausoleo di Kalaun, Cairo, Egitto

L'architettura domestica del Cairo

Stanley Lane Poole

L'architettura domestica del Cairo, anche se varia per quel che concerne i dettagli, comunque possiede delle caratteristiche generali comuni. Gli edifici del Cairo sono stati costruiti in modo tale che gli abitanti della casa non potessero essere visti dagli estranei e non avessero un eccessivo accesso visuale dall'interno. Per questa ragione, la prima condizione dell'architettura domestica era quella di edificare le stanze intorno ad un cortile interno, sul quale si affacciavano le finestre principali, che comunque erano poche e coperte da grate lavorate. Conseguentemente, le strade del Cairo che ospitano delle abitazioni private presentano un aspetto piuttosto monotono. Le case sono solitamente alte due o tre piani -al tempo dei mamelucchi erano di cinque piani- e sono fatte di pietra al piano terra (colorate alternativamente di rosso e bianco), mentre i piani superiori sono costruiti di mattoni e legno e ricoperti d' intonaco bianco. Le porte sono spesso decorate con molto gusto (Fig. 1), mentre le finestre al piano terra sono solitamente piccole aperture rettangolari chiuse con grate, e poste al di sopra dell'altezza degli occhi curiosi, anche quelle collocate ai piani superiori sono piccole e semplici e disposte per la maggior parte in modo asimmetrico. In alcune strade però i piani superiori delle abitazioni sono caratterizzate da finestre a grata finemente decorate chiamate *meshrebiyas*, ossia "luoghi dell'acqua", a causa della bacinella circolare o semicircolare in cui le giare porose dell'acqua sono poste per rinfrescarsi attraverso l'evaporazione.

A differenza delle moschee, non ci sono fregi ornamentali o iscrizioni nelle mura esterne delle case. La porta generalmente si apre lungo il muro interno del passaggio. La soglia ha davanti la mastaba o la panchina di pietra (spesse volte sostituita da una *dikka* o sedia), su cui siede il portiere (*hawwab*). Poi un passaggio, con una o due acute inclinazioni, con l'intenzione di vanificare ogni tentativo di guardare ciò che si trova al di là della porta, conduce ad un cortile quadrato non pavimentato ed aperto verso il cielo, in cui vi è un albero che copre il pozzo rifornito da infiltrazioni provenienti dal Nilo. Non è possibile vedere il cortile né dall'esterno né da una altra abitazione.

I quattro lati sono alti e sono formati dalle stanze dell'edificio, con le loro meravigliose *meshrebiyas*, oppure, se solo tre lati sono occupati, il quarto consiste in un semplice muro divisorio, che separa la casa da quella del vicino e non presenta alcuna apertura. La parte del cortile esposta a sud è quella in cui sono costruite le stanze principali dell'abitazione, in quanto la brezza che viene da nord, cara agli abitanti del Cairo nella stagione calda, spira proprio verso questa direzione.

Le stanze al piano terra, che sono più accessibili dal cortile, appartengono agli uomini della casa ed includono gli uffici, le stalle, i magazzini, le stanze dei servi e le stanze in cui il padrone di casa intrattiene i suoi ospiti.

Quest'ultime nelle case migliori sono tre di numero: la *mandara*, la *mak'ad* ed il *takhtabosh*. Le ultime due vengono solitamente utilizzate nel periodo estivo; la prima invece costituisce una sorta di salone per gli uomini. Il *takhtabosh* non è altro che un recesso posto ad un angolo del cortile, supportato da una singola colonna, coperto di marmo e fornito di divani. La *mak'ad* è una sorta di belvedere o galleria aperta, sollevata 2 o 3 metri al di sopra del suolo, sul lato sud o più fresco del cortile, verso il quale si affaccia attraverso tre o quattro archi aperti verso la brezza del nord. L'arredamento è semplice, come nel caso del *takhtabosh*, e costituisce un soggiorno fresco per gli uomini durante la stagione calda. Qualche volta questo belvedere è coperto da una grata per poter essere utilizzato dalle donne, ma quasi sempre è una stanza occupata dagli uomini. La terza stanza, la *mandara*, è disposta, come tutti i salotti del Cairo, su due livelli. Un corridoio o pavimento, che conduce dall'entrata e decorato con marmi colorati, è chiamato *durka'a*, e qui solitamente i visitatori lasciano le scarpe, quando entrano nella parte della stanza coperta con i tappeti. Il *durka'a* a volte ha una fontana al centro, nel mezzo di un bordo a tasselli di marmo, mentre un banco per bottiglie d'acqua occupa l'estremità opposta alla porta. Ad un lato di questo stretto corridoio si trova la stanza vera e propria, per la quale il *durka'a* costituisce una sorta di vestibolo. Tra i due non vi è alcuna partizione, anche se la stanza è uno scalino più alta. La *mandara* consiste in un basso pavimento ed un *dais*. Il *dais*, che non è solo un semplice recesso, ma una stanza spaziosa, è fornito di divani intorno a tutti i lati, sollevati dal pavimento da basse lastre di pietra o intelaiature di palme. Al di sopra del divano vi è un dado di marmo o di maioliche colorate, interrotto solo dagli armadi, con piccole arcate, dove sono sistemate le porcellane e le suppellettili di terra cotta, da recessi che contengono cuscini per sdraiarsi e alla fine dalla *meshrebiya* su cui si trova solitamente una fila di finestre di vetri colorati che costituiscono il suo pannello, o poche finestre del medesimo carattere sul muro sovrastante.

La superficie del muro è ricoperta da calce o lasciata di intonaco incolore ed una semplice mensola di legno costituisce la sua unica decorazione.

Il tetto è fatto di travi posizionate a vista e poggianti su cornici o mensole, che sono a loro volta dipinte e decorate con arabeschi, mentre gli spazi tra le travi sono distinti in piccole sezioni, ognuna delle quali è decorata con arabeschi e motivi floreali.

Una porta piccola ed attentamente chiusa conduce all'*harim* o appartamento delle donne, che si trova nei piani superiori, o che nelle case più grandi occupa una parte separata del cortile. Delle stanze dell'*harim* la più grande e principale è la *Ka'a*, dove vengono ricevuti gli ospiti, che per quel che concerne la decorazione ricorda la *madrara*, ma ha un *liwan* o *dais* su ogni lato del *durka'a* invece che su di un unico lato, formando quindi una stanza doppia. Inoltre è anche più alto del *mandara* e spesso raggiunge il tetto della casa, mentre il suo *durka'a* (che raramente ha una fontana) è sormontato da una sorta di lucernaio, che si proietta al di sopra del resto del soffitto con una lanterna o una cupola sulla sommità.

Vi sono poi alcuni saloni più piccoli e stanze da letto che non hanno altro mobilio che materassi morbidi, che vengono arrotolati e sistemati in un armadio al mattino. Qualche volta vi è un salotto anche sul piano superiore, con una cupola, un esemplare del quale può essere visto nel Museo del South Kensington (No. 1193-1883) e anche alcune stanze ventilate aperte sul tetto basso, sul quale sono eretti dei paraventi di legno o *malkafs*, che sono piuttosto famigliari a coloro che dalla Cittadella guardano verso il Cairo, la cui funzione è quella di spingere i venti del nord nella casa. Nelle camere di ventilazione sotto i *malkafs*, o sulla terrazza superiore del tetto aperto verso il cielo, gli abitanti della casa spesso dormono durante i mesi più caldi.

La sistemazione delle stanze è molto soggettiva e quindi non possono essere fatte delle generalizzazioni. Alcune stanze, come la *ka'a* e la *mandara*, possono occupare l'altezza dell'intera casa, mentre altre formano dei piani normalmente di 4 metri circa. Solitamente si devono scendere e salire diversi gradini per andare da una camera ad un'altra. Camere separate per le donne, aria proveniente dal nord e luce soffusa: questi sono gli elementi essenziali di ogni costruzione, cui ogni architetto o costruttore aggiunge una nota personale.

Bisogna comunque notare che l'architettura del Cairo è un'arte degli interni perché l'abilità si mostra nella parte interiore dalla casa e le decorazioni stesse possono essere considerate parte dell'opera architettonica. L'effetto generale dei cortili circondati da grate, degli arcati belvedere e della parte interna delle stanze per ricevere gli ospiti, con la loro luce soffusa, i loro colori primitivi e la semplicità della costruzione e della decorazione è stranamente attraente: "Le travi, che supportano il soffitto, sono chiaramente visibili e sono supportate all'estremità da corbelli allungati che terminano in stalattiti. Nulla è nascosto. Una delle bellezze delle stanze è costituita dall'ampio utilizzo del legno e quello raro dello stucco, che testimonia il valore dell'opera dell'architetto, che ha preferito utilizzare il legno, anche se avrebbe potuto trovare nel suo paese del materiale più a buon mercato ed ampiamente disponibile".

Le case precedentemente descritte sono quelle risalenti a circa cinquant' anni fa. Nel periodo dei Fatimidi e dei Mamelucchi -a giudicare dalle vestigia in rovina tutt'ora visibili ai giorni nostri- i palazzi dei signori locali erano splendidi e molto più ricchi. Nasir-i-Khusrau, che viaggiò in Egitto nel XI secolo, osserva che la maggior parte delle case del Cairo avevano cinque o sei piani ed erano costruite con una cura tale da far pensare che fossero fatte di pietre preziose invece che di stucco, pietra ordinaria e mattoni. Ogni casa era separata da quella del vicino da giardini. Jehan Thenaud che accompagnava Andrè Le Roy, ambasciatore di Luigi XII, presso il sultano mamelucco El-Ghory, all'inizio del XVI secolo, afferma che l'edificio assegnato all'ambasciata conteneva sei o sette meravigliose sale i cui pavimenti erano ricoperti di marmi, porfido, serpentina ed altre pietre rare meravigliosamente intarsiate; le mura erano decorate con mosaici o dipinti di colori azzurri e variegati; le porte erano intarsiate con avorio ed ebano finemente lavorato. Ampi giardini pieni di alberi da frutto circondavano l'edificio ed erano irrigati dal Nilo di notte e la mattina da cavalli e buoi. Una tale casa poteva costare 80,000 serapi d'oro, ma ve ne erano altre ancora molto più sontuose.

Gli edifici principali del Cairo, oltre alle moschee e alle abitazioni, sono le fontane, le scuole, che sono molto numerose, ed i *khan* o i *wekala* per i mercanti. Il *khan* o *wekala* è un edificio rettangolare che circonda un aperto cortile ed è formato da numerose camere, che vengono occupate dai mercanti che soggiornano in città per pochi giorni o pochi mesi. Le stalle per gli asini e gli altri animali si trovano al piano terra e la parte esteriore è comunemente occupata da una fila di piccoli negozi costituiti per la maggior parte da un recesso nel muro di 2 metri quadri circa fornito di mensole per le merci e di un divano per il venditore e l'avventore. Negozi simili si trovano al piano terra degli edifici nelle strade principali, i cui piani superiori non hanno alcuna connessione con i negozi, ma sono solitamente divisi in appartamenti. I negozi sono aperti solo sulla strada e, quando il negoziante va a casa, sono chiusi con battenti in legno.

Le *sibil* o fontane di strada hanno una forma semicircolare con finestre coperte da grate ed una fila di rubinetti di ottone, da cui l'acqua può essere raccolta dai passanti, o una fila di aperture dove inserire il braccio per raccogliere l'acqua con una tazza di ottone da una tanica. Sopra la fontana si trova una stanza, con finestre aperte ad arco, dove i giovani vengono solitamente istruiti nell'arte di recitare il Corano. Queste *sibil*, con le loro scuole, sono fondazioni pie e sono generalmente connesse con alcune moschee. Le mura della parte interna sono fatte con uno stile migliore, come quello di Abd-er-Rahman Kikhya o Ketlkhuda (18th secolo); sono decorate con maioliche di terracotta con motivi floreali e spesso con scorci della Mecca, con la *Ka'ba* ed altri luoghi sacri rappresentati sulle maioliche. Alcune fontane costituiscono i maggiori elementi decorativi delle città del Cairo, sebbene la maggior parte siano state costruite durante il periodo ottomano.

Fig. 1: Antica porta di un'abitazione tradizionale,
Cairo

Fig. 2: Cortile di un'abitazione tradizionale, Cairo

Fig. 3: *Mashrabeya*, Cairo

Fig. 4: Esempio di *Wekala*, Cairo

Il mosaico

Stanlay Lane Poole

Tra gli stili decorativi delle parti più importanti di una moschea o di una casa nessuno era tenuto in considerazione maggiore del mosaico e nessun altro era praticato con eguale maestria. Con il termine mosaico s'intende una combinazione di piccoli pezzi di materiali di colori differenti atti a formare nell'insieme un motivo sulla superficie di un muro o su di un pavimento. Dal momento che i materiali impiegati possono essere molteplici così come tecniche per combinarli, il termine mosaico abbraccia un' ampia gamma di processi e tecniche artistiche. La tecnica più famosa è quella del mosaico in vetro di Bisanzio e Ravenna (Fig.1), in cui i cubi di vetro, dopo essere stati opacizzati e colorati con diverse tinte, sono disposti in modo da rappresentare le immagini dei santi. Un altro tipo di mosaico, molto meno famoso, è quello osservabile nelle pavimentazioni a tasselli dei romani (Fig.2), di cui molti esemplari sono presenti persino in Inghilterra, in cui il motivo è formato attraverso la combinazione di cubi ed altri piccoli pezzi di marmo di diversi colori. Non possiamo poi dimenticare anche il mosaico in *opus sectile*, noto come il mosaico fiorentino (Fig. 3), in cui i marmi colorati sono utilizzati come una sorta di impiallacciatura e appoggiati su materiali più consistenti e più comuni. L'*opus alexandrinum* consiste invece in piccoli pezzettini di marmo colorato a forma geometrica incastonati in uno sfondo di marmo.

Il mosaico musulmano, in Egitto, può essere invece definito come la combinazione del metodo a tasselli con più ampie porzioni di mosaico in *opus sectile*, anche se non coincide esattamente con nessuno dei processi conosciuti tradizionalmente in Europa. Solitamente viene applicato come un dado dell'altezza di circa 120 cm, che corre lungo il muro del *liwan* di una moschea o intorno alla stanza principale di un palazzo. È formato solitamente da lastre di marmo di colori e misure differenti disposte in modo da formare una serie di pannelli rettangolari divisi ed incorniciati da bande più strette.

La moschea mausoleo di El-Ghory, costruita nel 1503, ha una *mihrab* (Fig.5) intarsiata con marmi blu, gialli e rossi, in strisce a serpentina, con un doppio dado posto su entrambi i lati che corre lungo tutta l'ampiezza del muro posto a sud-est, in due linee, una superiore ed una inferiore. Quest'ultima è formata da marmi rossi, gialli e neri sistemati in pannelli quadrati o oblunghi, in cui il marmo nero costituisce il motivo, mentre quello rosso e giallo rispettivamente il centro ed i bordi del disegno. La *mihrab* di Kalaun ha invece un mosaico nero, rosso e giallo interrotti da piccole macchie di mattonelle blu. È piuttosto comune infatti trovare frammenti di questo tipo di mattonelle utilizzati in combinazione con del marmo o terracotta. Nel *South Kensington Museum* (1499, 1499a) sono conservati due esemplari di questo curioso stile. La monotonia delle lastre di marmo e dei margini viene spesso variata introducendo tra di loro un bordo di tasselli fatto con piccoli cubi di marmo di vari colori e mescolato con ceramica rossa o smalto blu e frequentemente con madre perla. Il contrasto tra i differenti colori del marmo, della ceramica e del vetro e l'iridescenza della madre perla conferisce a questa particolare classe di mosaici una bellezza speciale, che non può essere paragonata a nessun altro tipo d'intarsio. Un esemplare piuttosto elegante, conservato nella *St Maurice Collection*, si trova ora presso il *South Kensington Museum* (Fig. 6). Consiste di tre pannelli chiusi da una cornice: il pannello centrale è costituito di ricco porfido, con bordi di marmo bianco e nero e con un' orlatura geometrica di madre perla riempita di terracotta rossa e marmo giallo. I pannelli laterali invece sono fatti di marmo striato di rosso all'interno di bordi simili, mentre il tutto è poi racchiuso in un bordo di pietra verde. Questo triplo pannello faceva senza dubbio parte della serie che formava il dado di una moschea o di un palazzo. Dadi di questo tipo di mosaico possono essere trovati nel mausoleo di Qait Bay (Fig. 7) e di El-Asharaf nel cimitero orientale. Invece meravigliosi esemplari di marmo rosso intarsiato con vetro blu e madreperla possono essere osservati nel *liwan* in rovina della moschea di El-Maridany.

Questa è la caratteristica particolare dei mosaici del Cairo e possono essere facilmente riconosciuti come distinti da quelli presenti in Europa. Sono fatti di marmi e madre perla, con una presenza minima di ceramica o smalti; sono sistemati in motivi geometrici e sono fissati su di un letto di gesso e non sono posti in ricettacoli di marmo come nel *opus alexandrinum*. Nei mosaici musulmani la piccolezza delle tessere, la complessità del disegno e la brillantezza della madre perla si combinano per produrre un effetto meraviglioso.

Mosaici di questo tipo possono essere osservati anche nelle tribune delle chiese copte e, quindi, possiamo ritenere che quest'arte fosse praticata dai copti da un periodo piuttosto antico, mentre in Europa cadde in disuso e venne sostituita invece dal mosaico bizantino. Eusebio menziona la presenza di marmi variegati sulle mura della chiesa del Salvatore a Gerusalemme nel 333 d.C. e questo potrebbe dimostrare che questo tipo di mosaico risalga al IV secolo. Gli esemplari pervenuteci si trovano comunque prevalentemente in Egitto, anche se in Europa possiamo ricordare l'abside di Torcello (Fig. 8), il cui mosaico assomiglia molto alla *mihrab* di una moschea o alla tribuna di una chiesa copta del Cairo.

Questo tipo di mosaici erano assemblati nel modo seguente. Dopo che ogni pezzo di marmo o tassello di un altro materiale è stato smussato e collocato al suo posto, l'intero mosaico è posto sul pavimento, con la parte frontale rivolta verso la terra; poi viene versato del gesso che, una volta penetrato negli interstizi, li unisce insieme fino a formare una lastra unica. Poi sulla superficie sono posti alcuni pezzi di canna per rinforzarla e successivamente viene versato dell'altro gesso fino a formare uno spessore di circa 4 cm. Le superfici più ampie possono poi essere messe insieme, sollevate e attaccate al muro senza che si rompino. La bisellatura dei bordi non permette al gesso di trattenere i tasselli, ma risparmia la fatica di metterli insieme in quanto solo la parte frontale ed i bordi superiori delle tessere e delle lastre devono essere allineate in modo da formare delle congiunture accurate sulla parte frontale, quella laterale e quella posteriore invece sono lasciate grezze. Le mattonelle sono sistemate nello stesso modo.

Spesse volte inoltre il motivo del mosaico veniva elaborato dall'artista durante la lavorazione senza l'ausilio di un disegno previo. La maggior parte delle moschee mamelucche del Cairo ha dei mosaici nel *mihrab* e su entrambi i lati del dado, anche se non sono sempre ricchi e dal disegno complesso. In molte moschee, come quella di El-Ghory e del Sultano Hasan, mancano la madreperla e la ceramica, mentre i mosaici sono costituiti prevalentemente di lastre e bordi di marmo in due o tre colori. Nella moschea del Sultano Hasan il dado è fatto con lastre bianche e nere disposte in modo piuttosto semplice, mentre il pulpito è decorato con marmi di diversi colori disposti a medaglioni, il cui effetto d'insieme è meno piacevole di quello prodotto dai pannelli in legno solitamente utilizzati.

I pavimenti a mosaico del Cairo sono piuttosto diversi da quelli utilizzati per le decorazioni delle mura. Naturalmente sostanze come la madreperla ed il vetro non sono adatte per rivestire le superfici calpestabili e, per questa ragione, i pavimenti sono composti generalmente quasi interamente di tessere di marmo (e qualche volta di terracotta rossa) di grandezza maggiore rispetto a quelle più delicate impiegate nei mosaici delle mura e disposti in modo tale da formare dei motivi geometrici all'interno di uno spazio di 54 metri quadri del tipo descritto presso il *South Kensington Museum*.

Ogni quadrato è fatto separatamente e i singoli pezzi sono posti non nello stucco ma in una composizione di fango ed argilla impermeabile all'acqua; l'argilla deve comunque essere cruda, proprio come quando viene tratta dalla miniera. Una lastra (no. 490-1872) nel *South Kensington Museum* è costituita da una composizione intarsiata con porfido, vetro e pietra verde. I pavimenti a mosaico sono solitamente posti nella *durka'a*, o pavimento più basso di una stanza, che si trova davanti all'entrata e comunemente contiene una fontana.

I marmi più comunemente utilizzati nei mosaici del Cairo sono di colore rosso, giallo, nero, bianco e rosso, che qualche volta è meravigliosamente striato. Generalmente si riteneva che questi marmi fossero stati importati già levigati dall'Italia, ma ci sono delle prove che sembrano testimoniare il contrario. Nasir-i-Khusrau, che visitò l'Egitto nel XI secolo durante il regno del fatimide Khalif El-Mustansir, afferma che i marmi fossero molto comuni a Ramla, vicino ad Alessandria, e che le mura della maggior parte delle case fossero coperte di lastre di marmo artisticamente intarsiate e intagliate con arabeschi. Le lastre venivano tagliate con una sega senza denti e con la sabbia della Mecca. Il viaggiatore però non dice da dove provenissero questi marmi allo stato non lavorato, ma certamente non vi sono cave vicino a Ramla, a meno che antichi templi ed altri edifici di epoca romana e cristiana non fossero stati utilizzati in questo modo. I costruttori musulmani avevano l'abitudine di trarre del materiale per la costruzione di nuove moschee dalle rovine cristiane d'Egitto. Sappiamo che Beybars, durante la costruzione della moschea posta al di fuori della porta nord del Cairo nel 1268, raccolse dei marmi da tutte le città dell'Egitto, dove senza dubbio le chiese conservavano ancora degli elementi dell'antico splendore. Invece il *liwan* venne rivestito con marmi e legno intarsiato proveniente dalla fortezza di Jaffa, che aveva conquistato poco tempo prima. La maggioranza delle colonne utilizzate nelle moschee sembravano essere state tratte da edifici precedenti, come per esempio gli antichi monumenti egizi.

Abdel Latif, il medico di Baghdad che viaggiò in Egitto nel 1200 d.C., ci racconta che erano stati fatti dei tentativi di rimuovere il granito della Piramide rossa di Menkara, a Giza, per costruire altri edifici, all'epoca del Califfo El-Mamun, all'inizio del III secolo dell'*Hijrah* e, sebbene il tentativo non andò a buon fine e gli operai dissero di non poter fare alcun segno sugli enormi massi, la pratica di trarre pietra dalle piramidi e dai templi dell'Antico Egitto continuò. Qualche volta si possono trovare dei geroglifici sui blocchi di diorite nera e di altre pietre nelle moschee, come per esempio in quella di El-Gawaly. Quindi non è del tutto improbabile che i marmi di Ramla provenissero da altri monumenti egiziani, anche se in alcuni casi potrebbero essere stati importati.

Il porfido rosso, o rosso antico, la pietra verde o serpentina e la diorite nera ed ardesia, che compare nei mosaici, sono estratte nelle montagne del deserto arabo, tra il Nilo ed il Mar Rosso; e l'alabastro, che era utilizzato con moderazione nel periodo medievale, poteva essere trovato vicino ad Asyut sul Nilo.

Fig. 1: Mosaico di Giustiniano conservato nella Basilica di San Vitale, Ravenna, Italia

Fig. 2: Mosaico di un Satiro, Palazzo Massimo alle Terme, Roma, Italia

Fig. 3: Fiori su sfondo rosso, Mosaico fiorentino, XIX secolo, Firenze, Italia

Fig. 4: *Opus Alexandrinum*, Basilica di San Giovanni in Laterano, Roma, Italia

Fig. 5: *Opus sectile*, Domus del Ninfeo, Ostia Antica, Roma, Italia

Fig. 6: Mausoleo di El-Ghory, Mirhab, Cairo, Egitto

Fig. 7
Mausoleo del Sultano Al-Ashraf Qaybay, Cairo, Egitto

Fig. 8: Abside di Santa Maria Assunta in Torcello, Italia